# 大学生管理与创新素质培养研究

苏 霖 著

中国青年出版社

**图书在版编目（CIP）数据**

大学生管理与创新素质培养研究/苏霖著. --北京：中国青年出版社，2024.11. --ISBN 978-7-5153-7580 -9

Ⅰ.G64

中国国家版本馆 CIP 数据核字第 2024DJ4308 号

大学生管理与创新素质培养研究

作　　者：苏　霖

责任编辑：刘　霜　罗　静　邵明田

出版发行：中国青年出版社

社　　址：北京市东城区东四十二条 21 号

网　　址：www.cyp.com.cn

编辑中心：010－57350508

营销中心：010－57350370

经　　销：新华书店

印　　刷：北京联兴盛业印刷股份有限公司

规　　格：710mm×1000mm　1/16

印　　张：8.75

字　　数：119 千字

版　　次：2024 年 11 月北京第 1 版

印　　次：2024 年 11 月北京第 1 次印刷

定　　价：68.00 元

如有印装质量问题，请凭购书发票与质检部联系调换

联系电话：010－57350337

# 前　言

在快速变化和发展的现代社会中，高等教育肩负着培养国家栋梁、民族希望的重要使命。在知识经济时代，创新已成为推动社会进步和国家发展的核心动力。大学生作为国家未来的栋梁之材，是实现中华民族伟大复兴的预备人才，其创新素质的培养不仅关系到个人的全面发展，更是国家竞争力提升的关键。《大学生管理与创新素质培养研究》一书，正是在这样的时代背景下，对大学生管理与创新素质培养进行深入探讨的研究成果。

本书以高校大学生为研究对象，从大学生管理与创新素质培养两个方面进行深刻剖析与论证，内容包括：大学生管理的理论基础、大学生管理模式的内涵及外延、大学生的教育管理策略、大学生的创新素质、大学生创新素质的培养。本书能够为高校管理者、教育工作者以及关心大学生创新素质培养的社会各界人士提供有益的参考和启示，有利于在教育管理中提升大学生的创新素质，也有利于大学生认识和提升自己的创新素质。

在撰写本书的过程中，笔者参考了大量的文献资料。在此，对这些资料的作者和编者表示衷心的感谢。由于水平有限，书中存在的疏漏与不当之处，恳请广大读者批评指正。

# 目　录

# 第一章　大学生管理的理论基础

本章将从四个方面对大学生管理进行论述,分别是大学生管理的内涵与价值、大学生管理的目标与方法、大学生管理的特点与作用以及大学生管理对象与管理思想。

## 第一节　大学生管理的内涵与价值

大学生管理的目标是实现高等学校的人才培养,大学生管理作为面向大学生实施的一种特殊的管理活动,有着特定的内涵与价值。

### 一、大学生管理的内涵

明确大学生管理的内涵是研究大学生管理的首要步骤,而厘清大学生管理的含义,是全面深入地把握大学生管理内涵的关键。

#### (一)大学生管理的含义

"管理"的字面意义就是管辖和处理。管理涉及面广,这就使人们往往从某种角度或是按照某种需要来看待管理,因而不同的人对待管理,就形成了多种不同的理解。对于管理,就算是现今的管理学界,也仍然有多种不同的定义。强调管理的协调作用的人认为,管理是为完成某一目标,而在组织中协调人与物质资源的活动;有的人从管理职能和过程的角度出发,提出管理是由组织、计划、指挥、控制和协调等职能为要素组成的一整套流程;有人又从决策在管理中的重要地位的角度出发,将管理等同于决策;从系统论的角度出发的人认为,管理就是根据一个系统的客观规律对该系统施加影响,以此使系统呈现新状态的过程;有的人突出组织中的人际关系和人的行为,认为管理就是激发人的积极性,协调人际关系并以此达到共同目标的活动。这些从各个不同角度出发而得到的不同的定义,共同揭示了管理活动的主要特性。

对管理的概念,结合上文的描述,我们可以做出如下表述:管理是指在一定的社会组织中,人们通过计划、决策、控制、组织,有效地利用信息、时间、人力、物力及财力等各种资源,以达到预定目标的某种社会活动过程。

大学生管理是高校人才培养工作的重要环节,同时也是高校管理的重要组成部分。因此对于大学生管理来说,其既有管理的一般特质,又有自身的某些特性。其含义主要表现在以下三点。

### 1. 大学生管理是在特定的社会组织——高等学校中进行的

对于任何管理活动来说,其总是在某一特定的社会组织中进行的。实际上,管理活动的产生也正是源于在社会组织中协调个人活动和组织成员的相互关系的必要性。这也正如马克思所说:“凡是有许多个人进行协作的劳动,过程的联系和统一都必然要表现在一个指挥的意志上,表现在各种与局部劳动无关而与工场全部活动有关的职能上,就像一个乐队要有一个指挥一样。”作为系统培养专门人才的社会组织,高等学校对大学生的培养与教育是其最首要的,也是最基本的任务。高等学校为实现该任务而进行的管理活动,正是大学生管理。

### 2. 大学生管理的目的是促进大学生的全面发展并实现高校的人才培养目标

管理总是有某一特定目的的,管理的目的在于实现某一社会组织的某种预定目标。世界上既不能实现无管理的目标,也不会存在无目标的管理。作为高校人才培养工作的重要环节,促进大学生的全面发展,使之成为富有创新精神和实践能力的、全面发展的中国特色社会主义事业的接班人,实现高校的人才培养目标,才是大学生管理的目的所在。

### 3. 大学生管理的实质是有效地利用学校的各种资源对大学生提供指导和服务

大学生管理的任务是,为大学生健康成长并顺利完成学业提供各个方面的服务与指导,其中包括为家庭经济困难的学生提供资助服务、为毕业生提供就业服务、对大学生行为和大学生群体进行引导等。为此就需要通过科学的计划决策、控制与组织,合理有效地利用各种资源,包括信息、时间、人力、物力、财力等。

## (二)大学生管理的特点

大学生管理有着显著的特点,包括以下四点:

### 1. 突出的教育功能

对于高等学校人才培养工作而言,大学生管理是其重要的组成部分,所以大学生管理既具有管理的属性,又包含了教育的属性,有其突出的教育功能。

(1)大学生管理的目标服务并服从于大学生教育的目标

大学生跨进大学之门,就是为了接受大学教育,而大学生管理恰恰就是高等学校为促进学生圆满完成大学学业,实现大学生教育目标而实施的管理活动,所以大学生管理的目标是必然服务并服从于大学生教育的目标的。如果没有有效的大学生管理,教育目标就无法实现。一方面,大学生教育目标的实现,有赖于大学生管理目标的实现。实现大学生教育目标的重要手段之一是大学生管理,只有通过有效的管理,充分调动学生学习的主动性和积极性,向学生提供各种必要的服务与指导,建立并维持正常的生活和教学秩序,才能为学生的健康成长和高校教学活动的顺利进行提供充分的保障。另一方面,制定大学生管理目标的基本依据正是大学生教育目标。大学生管理目标,实际上也就是大学生教育目标在大学生管理活动中的体现,大学生教育目标是大学生管理领域的分目标。大学生管理如果脱离了教育目标,也就偏离了方向。

(2)在大学生管理方法体系中,教育方法具有突出作用

包括大学生管理在内的教育方法,是现代管理活动中最常用并且使用最广泛的基本手段。这是因为人是有思想的,人总是用一定的思想意识支配着自己的活动,而一切管理活动又都离不开人。恩格斯曾经说过:"推动人去从事活动,都要通过人的头脑。"因此,保持思想领先是任何管

理活动都要遵循的原则,做好一个人的思想工作,要注意通过影响人的思想来制约并引导人们的活动。所以,作为大学生教育和培养工作系统中的重要组成部分,大学生管理更加注重运用教育的手段并以此增强大学生管理的实效性也就成了必然,而大学生管理中其他方法顺利实施并收到实效的基础也是教育方法的实施。大学生管理的经济方法、行政方法和法律方法的实施,要想收到良好的效果,一般都要伴之以思想道德教育。

(3)大学生管理的过程,同时也是大学生教育的过程

作为教育及培养专门人才的场所,高校的一切工作都应当对学生起到良好的教育作用,大学生管理工作由于直接面向大学生,当然更是如此。事实上,大学生管理过程中包含着十分丰富的教育因素。在大学生管理过程中,贯彻的是公正和谐、民主法治、以人为本的理念,体现的是实事求是、遵循管理和教育规律、从学校和学生的实际出发的科学精神,采用的是科学管理、依法管理、民主管理的方法等,这些都会对学生产生潜移默化的影响。大学生管理过程中依据大学生成长成才的规律和要求制定并实行的各项规章制度都会对大学生起到规范行为、激励动机和引导思想的作用。在大学生管理过程中,管理人员的言行、态度和情感也会对大学生起到示范作用。由此可见,大学生管理的过程实际上也是教育的过程,这将直接影响大学生思想品德的发展。

2.鲜明的价值导向

为当今社会培养人才,是大学生管理的服务目标,大学生管理的形式、目的与体制总是受到社会的意识形态、政治制度和经济基础的制约。因此鲜明的价值导向是大学生管理必然具备的,它总是体现着特定社会的价值主导体系并直接影响着大学生价值观的变化与发展。我国是一个人民民主专政的社会主义国家,我国的高校也是为社会主义建设事业培养专门人才所创办的。这样的社会制度直接决定了我国的大学生管理必然要坚持社会主义的价值导向。具体地说,大学生管理的价值导向主要体现在以下三个方面。

(1)管理目标是大学生管理价值导向的集中体现

人类实践活动的基本特征之一是目的性。一个人实践活动的目的，总是基于其需要和对实践对象的属性的认识与判断，所以目的总是体现着一定的价值观念。对于大学生管理的目的而言同样如此。事实上大学生管理的目的及其展开的整个目标体系，同样都是基于一定的价值观念来设计与确定的，都体现并贯穿着一定的价值观念及价值追求，所以大学生管理的价值导向，不仅对大学生的日常行为和管理者的管理行为起着评价、激励和导向的作用，而且会对大学生价值观的发展起到重要的促进与引导作用。例如，大学生管理的重要目标之一是建立并维护良好的教学环境和生活秩序，这一目标就充分体现了"有序"的价值观念，将会促进大学生形成"有序"的观念。

(2)管理理念是大学生管理价值导向的突出体现

大学生管理的指导思想是大学生管理的理念，直接制约着大学生管理的方法与原则。而大学生管理理念往往是社会的先进价值观念在大学生管理中的贯彻，其总是体现着社会的价值体系。例如"以人为本"的理念正是我党一贯坚持的"以人为本"的价值观念在大学生管理中的贯彻与体现。全面贯彻"以人为本"的理念并运用到大学生管理中，坚持做到"尊重人、关心人、发展人、依靠人、为了人"，必然会对学生确立"以人为本"的价值观念以及正确认识人的价值产生某种积极的影响。

(3)管理制度是大学生管理价值导向的具体体现

科学、严密的规章制度是大学生管理法制化、制度化和规范化的主要标志及基本保证，也是大学生管理最基本的手段。管理规章制度总是由人在一定的价值观念的影响及指导下制定出来的，其内容总是体现着一定的价值导向，其中具体表现为提倡、鼓励大学生做什么；禁止、反对做什么；要求做什么，不做什么；奖励什么样的表现，惩罚什么样的行为等。热爱祖国，服务人民；坚定信念，志存高远；弘扬正气，遵纪守法；自强不息，勤奋学习；团结友爱，明礼修身；严于律己，诚实守信；热爱生活，强健体魄；勤俭节约，艰苦奋斗；等等对大学生行为的基本要求和规范，鲜明地体现了社会主义的价值导向。

### 3.复杂的系统工程

大学生管理同任何其他管理活动一样是一项系统工程,具有开放性、层次性、动态性和整体性特点,同时大学生管理又有着特殊的复杂性。

(1)大学生管理的任务是复杂的

大学生管理既要切实为大学生着想,加强对学生日常行为包括网络行为、消费行为、交往行为的管理和引导,及时矫正和处理学生的异常行为,又要围绕大学生的中心任务,加强对学生实践活动和学习活动的管理及引导;既要对校园内大学生的安全加强管理与引导,又要对大学生校外活动的安全进行必要的监督;既要对大学生现实群体加强管理与引导,包括学生生活园区、学生党团组织、学生社团和学生班级,又要适应当下网络时代面临的新情况,对依托网络平台而形成的大学生虚拟群体加强管理与引导;既要做好面向经济困难家庭的学生的资助工作以帮助他们顺利完成学业,又要做好面向全体大学生的奖学金评定工作以调动学生学习的积极性;既要指导新生明确努力的具体目标,科学地制定职业生涯规划,又要为毕业生提供就业、创业的服务及引导,使学生毕业后能够在合适的岗位上实现自身的价值。总之,大学生管理渗透于大学生学习与生活的方方面面,贯穿于大学生培养工作的全部过程,其任务是复杂且艰巨的。

(2)每个大学生都具有鲜明的个性及明显的差异

大学生是大学生管理的对象,他们具有独一无二的思想感情和精神世界,有着不同的性格、气质、习惯和爱好。由于每个人各有自己的生活经历,即便是同一个专业、同一个班级的学生,他们的思想行为也各有特点。随着当下大学生自主意识的增强,普遍崇尚个性,追求个性的自由发展,同一学生在成长变化的不同时期,其特点也会有所不同。因此,大学生管理就不可能完全按照统一的程序、要求、规格来进行,而要根据大学生的个性特点因势利导,有针对性地开展工作。这也导致了大学生管理具有特殊的复杂性。

（3）大学生成长过程中的影响因素也是复杂的

促进大学生的成长与发展是大学生管理的目的，影响大学生成长的不仅有学校教育的因素，还有外部环境的因素。构成外部环境的因素是复杂多样的，所有与大学生的生活、学习、交往和活动有关的环境因素，在现实世界中都会影响大学生的成长。在这之中，既有物质的因素，也有精神的因素；既有自然的因素，也有社会的因素；既有历史的因素，也有现实的因素；既有文化的因素，也有经济的、政治的因素；既有学校周边社区的、家庭的因素，也有国际的因素。特别是随着现代信息技术的发展，大学生获取来自世界各地的信息变得方便而快捷，因此影响大学生思想行为及其成长的环境因素也就更为广泛与复杂。

4. 显著的专业特色

传统的大学生管理是经验性事务性的工作，但鉴于大学生管理有其特有的方法体系、特殊的内在规律和管理对象，其必须形成专业研究模式、使用专业方法、形成专业视角，所以大学生管理是一件专业性很强的工作。

## 二、大学生管理的价值

对于大学生的成长成才、高等学校的发展以及社会的进步来说，大学生管理有着极为重要的价值。改进大学生管理的思想基础就是对大学生管理价值的全面认识，这也是大学生管理研究的重要课题之一。

### （一）大学生管理价值的特点

大学生管理的价值是指大学生管理对社会、高等学校和大学生所具有的作用和意义，也就是大学生管理的属性和功能对社会进步、高等学校发展和大学生成长成才需要的满足。大学生管理具有促进大学生成长和发展、促进高等学校实现教育目标、促进社会培养合格人才的属性与功能，正是大学生管理的这些属性和功能构成了大学生管理价值的基础。高等学校之所以要实施大学生管理，是因为要实现教育的目标，而大学生管理则具有能够满足这种目标的属性和功能。因此，高等学校也就成为大学生管理价值的主体之一。

### 1. 间接性与直接性

对大学生管理的价值主体而言，其作用有间接作用和直接作用两种，因而大学生管理价值也体现出间接性和直接性的特点。

对于大学生管理价值来说，其直接性指的是大学生管理能够直接作用于价值的主体以满足其一定的需要，而无须经过任何的中间环节。而大学生管理价值的间接性指的是无法直接作用于价值的主体为满足一定的需要必须借助一定的中间环节，间接地作用于价值主体。

对大学生而言，大学生管理的作用往往是直接的。而对于社会来说，大学生管理的作用，一般是通过影响大学生间接发生的。

### 2. 积累性与即时性

大学生管理以自身的属性和功能对价值主体某种需要的满足，总要经过一个或短或长的过程，即大学生管理价值的实现。大学生管理价值的积累性与即时性的特点，也正是在这一过程中得以体现的。

在短时间内为满足价值主体的某种需要、可以迅速地达到目标的大学生管理活动工作体现了大学生管理价值的即时性。例如，为了使家庭经济状况比较困难的新生能够进入大学，及时帮忙办理学生助学贷款；为维护校园稳定和学生安全，及时处理突发事件等。而在通过一个相当长的过程后才能达到目标从而满足需要的大学生管理工作体现的则是大学生管理价值的积累性。例如，为了满足高校培养人才的需要而建立良好的教学与教育秩序；为了满足学生自身发展与社会发展的需要而培养学生良好的行为习惯和思想品德。这些都需要长期的工作积累，一朝一夕的工作是无法实现的。

### 3. 受制性与扩展性

大学生管理价值在实现过程中会被其他各种各样的因素影响，体现了大学生管理价值的受制性。这是因为大学生成长成才的作用和意义是大学生管理的价值，而外部环境因素和高等学校内部其他因素都会影响大学生的成长成才。因而其他种种因素的制约，必然会影响在大学生成长成才中管理作用的发挥。当大学生管理的作用方向与其他因素对大学生的影响一致时，收到实效就会比较容易，实现大学生管理的价值也就比较轻松。反之如果大学生管理的作用方向与其他因素对大学生的影响不一致时，大学生管理要想收到实效就颇为困难，实现大学生管理的价值也就相应较难。

大学生管理价值的扩展性指的是通过大学生活动的影响，大学生管理可以对高校外部环境和高校内部其他因素产生作用，从而扩展其自身价值。例如，通过支持与鼓励大学生的创业活动和科技创新，学生们创业和科技创新的积极性就会被激发，进而实现以提高学生创业能力和科技创新能力为目的的教学创新。再如，通过对学生日常行为的教育与指导，大学生管理可以使学生养成自觉维护环境卫生与公共秩序、遵守社会道德规范的习惯，而这也必将会对学校周边的环境产生积极影响。

### 4.系统性与开放性

大学生管理的价值是由多种类型、多种维度的内容共同构成的有机整体，这体现了大学生管理价值的系统性，同时多种划分依据也体现了其开放性。按照主体来划分价值，可将其分为社会价值、集体价值和个体价值。对于社会运行和发展，大学生管理展现出来的意义与作用就是社会价值；对于高校运行和发展，大学生管理展现出来的意义与作用就是集体价值；而对于大学生个体成长和发展，大学生管理展现出来的意义与作用就是个人价值。按其存在的形态来分，价值又可以分为现实价值和理想价值。大学生管理价值应具有的状态就是理想价值，这也是其追求的最终价值；而现实价值则是大学生管理目前的状态，也就是在目前状况下正在实现或已经实现的价值。还可以按其性质，将价值分为负向价值和正向价值；或按其大小，将价值分为低价值和高价值；等等。上述各种价值组成的系统，正是大学生管理价值。

### (二)大学生管理的社会价值

大学生管理对于社会的运行与发展的意义和作用就是大学生管理的社会价值，即大学生管理的功能和属性对社会运行与发展需要的满足。

其社会价值集中表现在它是构建社会主义和谐社会的重要手段。

### 1. 培养合格人才的重要手段

作为人才培养的重要基地之一,高校的中心任务是培养合格的专门人才并使他们为中国特色社会主义建设做出自己的贡献。在培养合格人才中,作为高校人才培养工作的重要手段之一,大学生管理发挥着重要作用。

### 2. 构建和谐社会的内在要求

我国人民大众不懈奋斗的重要目标之一,就是实现社会的和谐,这也是全人类的社会理想。在我国,中国特色社会主义的本质属性是社会主义和谐社会。作为向特定社会群体提供服务与指导的社会活动,在构建社会主义和谐社会中,大学生管理发挥着特有的重要作用。

## (三)大学生管理的个体价值

对于当代大学生个体的成长与发展,大学生管理的意义与作用就是大学生管理的个体价值,也就是对大学生个体来说,大学生管理的属性和功能对其成长和发展需要的满足。个体价值的主要表现如下:

### 1. 引导方向

导向功能是大学生管理具有的突出特点之一,对学生的成长与发展来说,大学生管理在其中起着重要的导向作用。以下三个方面是其主要表现:

(1)对政治方向的引导

政治方向是政治的态度、立场、信念、观念与品质的综合体,是一个人素质中的首要因素。在对人才的培养中,把坚定的政治信仰放在第一位是我党历来强调的。

(2)对价值取向的引导

人们在处理各种类型的关系时,基于自身的价值观表现出来的基本价值态度和基本价值倾向,就是所谓的价值取向。一个人的价值选择受价值取向的影响,同样,人们行为思想方向也受价值取向的影响。

(3)对业务发展方向的引导

在引导大学生确定符合自身实际又符合当下社会需要的奋斗目标

时,同样需要引导他们把时间与精力投入实现既定目标的学习活动中,从而促进他们早日成才。

2.激发动力

对于高校学生来说,高校科学、系统的教育为其成长与发展提供了良好的环境。大学生在校期间能否得到健康的成长和全面的发展,其自身主观能动性的发挥是问题的关键所在。因此必须充分调动大学生学习的积极性、主动性,注重激发其内在动力,才能促进大学生的成长与发展。在激发大学生的内在动力方面,大学生管理具有显著的激励作用。

# 第二节 大学生管理的目标与方法

## 一、大学生管理的目标

目标的概念是与目的的概念紧密相连的,以至于二者在多数情况下是可以互换使用、无法区分的。"目标"的含义在《辞海》中的解释也有"目的"之意,但是二者在实际上是有一定区别的。目的指的是人们对希望事物未来状态的描述,属于价值观念的范畴,它往往表达一种方向或是应该达到的理想状态,也是人们的主观愿望;而目标则是人们在一定时期和情景下所欲实现和追求的具体、明确的事项或结果。因此,目标是具体和可列举的,而目的则是抽象和概括的;目标以客观指向为侧重点,而目的则以主观愿望为侧重点。目的的具体化会产生目标,而目标的最终形态就是目的,因此从本质上来讲二者殊途同归,只有通过转化为具体的可操作的目标,目的才能实现。

对于任何的管理活动来说,其都有一定的目标并且是围绕这一特定目标而活动的。大学生管理是大学生教育组成的一部分,所以大学生的教育目标同时也是大学生的管理目标,教育目的也就是大学生管理工作的最终目标。教育的目的是人的发展,在教育目的统摄下,对于人的教育目标,也就必定会是一种动态的结构。作为学生管理工作的新范式,大学生管理建立在对人本质的认识基础之上，追求与传统学生管理工作相异的目标，并通过这些动态发展的多层次目标，实现大学教育的目的。本节从基础性目标、发展性目标和终极指向性目标三个层面进行探讨和分析。

（一）基础性目标

对大学生对话意识与能力的培养、非理性因素的发展和知识体系等的建构是大学生管理工作的基础目标，这些目标不仅仅是对大学生管理工作的基础要求，对人的主体建构、发展同样发挥着基础性作用。大学生管理最低层面的目标即基础性目标。

1. 知识的建构

人类在与外部世界相互作用的基础上所获得的认识就是我们所说的知识，它就是人们所特有的对于认识对象的某种认识与描述、看法与判断、主张与观念。人类的智慧和理性均来源于知识，推动人类社会发展的力量也正是知识。教育的主要目标之一是获得知识，而知识也是教育的载体与重要内容。

在大学生管理中，建构大学生的知识体系，其中既包括科学知识，也包括人文知识。发展科学知识为其提供基础，而人文知识则为人发展的方向和目标提供指引，两种知识相互补充，为人的协调发展提供动力，任何一方面知识的缺乏都会破坏人发展的完整性。缺乏科学知识的人无法正确认识世间万物的客观规律，也就不能为人类社会的发展提供服务，甚至无法立足整个社会；而一个人如果缺失了人文知识，那么其精神将退化、道德将沦丧并最终迷失自我。科学知识与人文知识是人类发展的一对翅膀，二者共同作用才会铸就幸福的人生。科学提供幸福的物质前提，人文提供幸福的精神条件；科学解决人的生理平衡问题，人文解决人的心理平衡问题；科学使人获得现实的利益，人文使人享受理想的快乐；科学以实在的方式让人感受到适意，人文以超越的方式使人体验怡然自得的意境；科学将有限的、具体的满足提供给生活，人文将无限的、永恒的激情灌注于人性。

### 2.对话意识与能力的培养

"对话意识"是对话的一种更深层次的隐喻,如果"对话意识"出现了缺失,即使在表达上运用了优美的语言,即使谈话有问有答且花样百出,那样的谈话也不是真正的对话,只不过是机械的问答罢了。因此,正是这样一种民主意识,决定了交谈是否为对话,这种意识是一种致力于互相理解与合作,致力于共同创造和睦相处的精神的意识,即"对话意识"。在看待他人、他物时,运用对话意识处理与其他主体间的关系,是一种全新的思维模式。培养这种对话意识与精神并实现与他人、他物共同发展,正是大学生管理的重要目标所在。

### 3.非理性因素的发展

与理性的概念相对应的就是非理性的概念。理性是指人们在意识反映控制下自觉地认识和把握事物的抽象思维能力、形式与活动。推理、概念与判断是理性的主要表现形式,理性的主要特征是自觉性、逻辑性、内在性和抽象性等。非理性有广义和狭义两个方面的含义。狭义上的非理性指的是在人主体结构中的属于非认知或非理智的因素,例如欲望和情感、意志和信念、动机和习惯;广义上的非理性除狭义概念包含的因素之外,还包括人的认识中的非逻辑的因素,例如幻想和想象、顿悟和直觉、灵感和潜意识。非理性因素纵然以意识反映为基础,但也常常不为意识所控制,具有不自觉性、不确定性、突发性、瞬时性、非逻辑性、非语言性、体验性、创造性等特征。在人的主体活动中,非理性具有驱动、激活、选择、调控、维系与突破等方面的重要作用,在人的主体个性中,相比理性因素来说,非理性因素是更为重要的标志,构成个性的动力因素是人的创造性的源泉,它形成了人的认识发生的主观机理。

## (二)发展性目标

追寻人生的价值与意义、完善学生人格与建构生活等都是大学生管理的发展性目标。将其称为发展性目标的原因,不仅是因为其对于人自身的完善和发展来说始终与它们交织在一起,并从不同的角度使人主体的发展与建构得以实现,还因为它们本身是一个发展的过程,始终处在一个不断发展的、永恒持续的进程之中。

## 1.人格的完善

人格是什么？"人格"原意为戏剧演员所用面具的拉丁文"persona"，是现代西方"personality（人格）"一词的来源。后来加以引申，"人格"一词成为一个多概念、多内涵的词语。作为一个具有多层次含义的名词，"人格"是综合"以性格、气质、能力为特征的'心理人格'，与个人的气质操守道德品质、人格情操相关的'道德人格'，和法律主题不可分离的'法律人格'等多方面因素的一个统一体"。人格是指在个人的生理基础上，受到家庭、学校教育和社会环境等方面的影响，而逐步形成的气质、能力、兴趣、爱好、习惯和性格等心理特征的总和；它是具有社会意义的各种特性的统一体；是由体格上的特性，精神上的特性，特殊能力、经验、气质、意志、品质等特性构成的有机整体。总之，人格是一个人思想和行为的综合，是经过社会化的人获得的相对稳定并内在统一的个人特质。

教育的最基本目的就是人格的完善与发展，一个人在情感与认知、信念与意志等诸多方面达到一个完整并统一的程度，从而达到真、善、美一体化的境界，才是人格的完善。这个过程是一个人人生中永无止境的追求，是一个人长期学习实践和反复锤炼提高的过程。和谐的人格，是人格完善的最终目标指向。人们对于现实人格发展的目标之一便是有和谐的人格，它描述了人格的发展和完善的前景，所以它们的层次和水平之间存在着差异。这样的人格理想可以通过对自身不断完善和发展并最终迈向至善的境界，各种素质与能力会因这种人格而相得益彰。所以对于大学生来说，这样的人格能为其进一步全面发展提供保障和推动的力量。

## 2.可能生活的建构

回归现实生活的世界，立足于学生现实生活的大学生管理，其目标是对学生的可能生活的建构。从一方面来说，可能生活的前提与基础是学生的现实生活。对人现实的需要排斥或否定、脱离人现实的生活并不等于可能的生活。学生唯一能够充分享有并真实把握的生活形式才是现实生活，这也是学生所拥有的发展可能性得以不断生成与实现的过程。从另一方面来说,反思与超越学生的现实生活又是可能生活。它指向一种"尚不存在"的理想生活,是一个人对自己各种发展可能性的筹划。一个人拥有的具有积极意义的发展可能性是其主要指向。

可能生活既介入学生的现实生活,又超出学生的现实生活,是一种既源于学生的现实生活,又高于学生的现实生活的理想生活形式,是一种基于历史和现实而指向学生的未来与可能的动态生活形式,是一种自成目的性、富有生活意义和生命价值的生活形式。作为人的基本生存状态,现实生活决定了人的生存和延续;而作为人的生活的理想形态,可能生活决定了一个人自我完善与自我实现的高度。大学生管理的方法在于从现实生活出发,引导学生去体验与反思现存的生活状态,从而对生活的真谛做出自己的感悟,进而去创造更加完满、美好并更富意义的可能生活。对现实生活不断超越的过程、对可能生活不断建构的过程,才是大学生管理应有的过程。

### (三)终极指向性目标

对于任何事物来讲,终极指向性目标都是普遍性与特殊性的统一,这对于大学生管理来说同样适用。作为大学生管理特殊性的表现,其终极指向性目标是培养学生的对话理性,并以此对学生进行引导。而对大学生管理的教育意义来说,它又要以实现人主体的发展与建构(即教育的目的)为自己的终极指向性目标,这也是大学生管理普遍性的表现所在。

### 1. 对学生对话理性的培养和对其对话人生的引导

在对话哲学的视野中,无论是对人格的完善,对大学生对话能力及对话意识的培养和各种知识的建构,还是对人生价值与意义的追寻和对生活的建构,最终都将指向人们对话理性的形成。在对话理性指引下的人生即对话人生,这是一种崭新的人生,将把人带向一个新的境界。真正的人生必须是对话的人生。从存在论角度看,对话人生就是超越它的世界,学会与世界建立一种活生生的精神上的关系的人生;从认识论角度看,对话人生就是以一种开放的、自由探究的理性精神,同他人(或他人所创造的文本)一同参与追求知识、真理(包括真、善、美不同类型的知识)过程中的睿智人生;从社会哲学的角度看,对话人生是一种发生在人际交互世界之中的,以人类相互交往、沟通、理解的实践旨趣为导向的人生。而对话人生的核心和灵魂就是一个人的对话理性,一个人对于自身意义、价值和生命精神的追求是其目标所在。在此需要特别指出,对话人生代表一种生活境界和生活修养,它是一种审美的人生,对话意识的高扬,必定会将人类引向一个异于以往任何时代的新时代。更重要的是,它有了一种更新的和更强有力的精神追求——对于"对话"造就的高深精神境界和审美文化的追求。这种追求必将促进当代人精神向更高的层次发展,也会使当代艺术更加丰富。对话精神如果得以实现,我们的文化就会一步步走向古哲们梦想的真、善、美一体的境界,成为人人向往的审美文化。

2.""对话人":人主体的发展与建构的目标指向

实现教育目的,是大学生管理的最终目标。然而对于教育目的这个问题,学术界仍然存在着诸多的争论与分歧。但是,近年来随着对工具化教育批判的深入与对其危害的揭露,我国教育界已经确立了以"人"为目的的基本共识。在此基础之上,出于对教育目的的研究,本书将进一步对作为主体的人的建构与发展予以定位,这里的"主体"是一种交互主体、类主体和共主体,是在对话哲学主体视野下的处于关系中的共生、共在、共享的主体。

## 二、大学生管理的方法

大学生管理的科学有效实施,不仅要使用行之有效的方法,也要系统把握大学生管理的过程。大学生管理的各种方法都有其特点与作用,提高大学生管理效率的关键,就在于全面掌握大学生管理的方法并能正确地运用。

### (一)大学生管理方法的内涵

为确保管理活动的顺利进行和管理目标的实现,对大学生的管理活动采取的工作方式就是大学生管理方法。管理工作中不可或缺的工具是管理的方法,它与管理理论有着密切的联系,并且源自管理实践的进行。

在现代管理理论中,各个学派的出现及发展,从某种意义上说均标志着管理方法的不断创新。

作为管理原理和管理理论的自然延伸,管理方法是实现管理目标的途径和手段,是指导管理工作有效进行的必要工具。只有通过管理方法,管理实践中的管理理论才能发挥作用,并且管理方法发挥着任何管理原理与管理理论都无法替代的作用。如今在吸收多种学科理论基础上形成的管理方法,已逐步成了一个相对独立的领域。

## (二)大学生管理方法的种类

### 1. 法律方法

大学生管理的法律方法是指以法律规范以及具有法律规范性质的各种行为规则为手段,调节大学生管理系统内外的各种关系,规范大学生管理行为的管理方法。这种方法的内容不仅包括相应的仲裁及司法工作,也包括各种法规的建立与健全。这两个环节缺一不可。缺乏司法和仲裁会使法规的执行无法发挥效力,流于形式;而没有健全的法规将使司法和仲裁工作无据可依。

### 2. 行政方法

按照行政系统和层次对规定、命令以及指示条例等行政手段加以运用,直接指挥下属工作的方法就是行政方法。在管理过程中依靠机构组织中的职位及职务,就是行政方法的实质,行政方法实际上就是行使政治权威。

### 3. 经济方法

对于不同经济利益体之间的关系,在进行调节时注重运用各种经济手段,以此获取较高效益的管理方法就是经济方法。对大学生管理而言,主要的经济方法有奖学金和罚款等形式。奖学金的设置对大学生的学习活动具有激励作用。获得奖学金的条件和项目的设置应能表达学校管理者对学生的期望,并且对学生的努力目标和行为方向具有明显的引导作用。而违反规章制度并给学校造成了危害的行为,管理者对此进行的经济惩罚就是罚款。罚款的存在可以对某些人的不轨行为进行制约,但是在处罚过程中不能滥用罚款,其名目和数额的设置要适当。对于用罚款来代替思想教育和管理工作的倾向要坚决杜绝。赏罚严明最为重要,去除邪风宣扬正气,当罚则罚,该奖就奖。只有这样做,经济方法才能真正成为有效的管理手段。

### 4. 教育方法

对于受教育者来说,高校按照一定的要求从各个方面对其施加影响的有计划的活动就是教育。在大学生管理中,教育方法主要指通过思想政治教育来激发大学生的主动性、积极性并对大学生的行为及思想进行引导。管理的基本方法之一就是教育,这是因为人才是管理的核心,而一定的思想又总是对人的行为产生着支配与制约作用。因此在管理工作中,要重视对人的思想教育工作,通过影响人的思想,去改变他们的行为,从而对组织目标的实现起到促进作用。作为大学生培养与教育工作中的重要组成部分,大学生管理工作实施过程中要注重教育方法的运用,以使大学生管理的教育性得到加强。

## (三)大学生管理的主要方法

大学生的管理方法,一方面要促进管理理论的深化及发展,另一方面又要接受管理理论的指导。因为现实条件的千变万化,大学生的活动及其形式不可能是一成不变的,因而照搬照套固定的模式在实际的管理中是行不通的。不论采用什么管理方法,如果过分执着信条,最终的结果往往会事与愿违,其必须有一定的灵活性,对待具体的问题要做出具体的分析。

### 1. 目标管理的方法

目标管理是为了协调不同组织成员的努力,在计划执行中充分发挥他们的作用,在其中将组织任务转化成必需的总目标,然后以组织结构的特点和目标活动为根据,将总目标分解为各个部门和层次的分目标,并根据分目标的要求,对下级工作组织的各级管理人员进行指导的管理活动。对于组织内的每一个部门、每一个人来说,目标管理要求他们为了实现组织的目标进行全力配合,对于分内的工作自行设定目标、制定方针、编定制度、达成目标，要通过最有效率的手段，并经由检查、绩效考核、评估目标与达成状况发现尚需改善之处，并以此作为参考依据进行后续目标的设定。

## 2.民主管理的方法

实施民主管理，是目前大学生管理工作的大势所趋。追求民主是人的高层次追求，这与人的素质有关，作为高文化人群，大学生对民主有更高的追求。民主管理的实施，对大学生来说不仅有助于其自身全面发展的实现，也有利于其各项活动的有效进行。

## 3.刚性管理的方法

刚性管理指的是凭借奖惩规则、纪律监督等手段，对组织成员进行以规章制度为核心的管理。规章制度的约束是明确的，强调外在的控制，具有很强的控制性。任何一个机构的正常运行，都离不开严格的制度。刚性管理是保证一个机构正常运转的管理机制的有机组成部分，其基本思路是"合于法"。

处于成长期的大学生极易受外界环境的干扰，容易增长惰性，其判断与自我控制的能力也相对较差。刚性管理在此情形下，不仅是行之有效的，更是必不可少的。惩罚学生并不是刚性管理的出发点，以"法理"为前提正确规范并约束学生的行为，进而达到学校秩序得到维护、教学与教育质量得到提升、学生成长成才得到促进的目的，这才是刚性管理的出发点。

## 4.柔性管理的方法

柔性管理是相对于刚性管理的概念提出来的。人们对新时代管理的要求，已经不仅仅停留在科学与规范的层面，而是更偏向强调人性中的人格尊重与相互关怀。对于人的全面发展起到促进作用的管理活动，也越来越多地为人所用，柔性管理便应运而生。对于大学生管理来说也不例外，对于有追求、有思想、有感情的管理主体来说，大学生管理中的许多问题，单纯的刚性管理已无法彻底解决，柔性管理的辅助势在必行。人是柔性管理坚持的中心，其注重的是心理沟通与人文关怀，强调的是通过对共同的价值观与和谐的组织文化的营造,使组织的凝聚力与向心力得到强化,从每个成员的内心深处激发其创造性、主动性和积极性。以刚性管理为基础和前提的柔性管理,是刚性管理的完善,使组织焕发活力是其目的所在。无论是柔性管理还是刚性管理,对于大学生管理而言都是以促进大学生的发展为落脚点的。因而在大学生管理中,刚、柔两种方法是相辅相成的,应该做到二者共建、共生共融,实现刚柔并济。

柔性管理对高校学生管理者来说,其精髓在于以学生为本,注重人文关怀,它强调的是在尊重大学生人格和尊严的基础上,充分发挥大学生的创新性、积极性与主动性,使之在大学生活的各个方面能够变消极为积极,变被动为主动,变他律为自律,促进大学生的自我管理、自我约束、自我完善,并使之趋善避恶,最终成长为社会需要的品格优秀的高素质人才。

# 第三节　大学生管理的特点与作用

我国高校学生管理的实践证明,对大学生的成功管理,必须以马克思主义理论为指导,必须与时俱进,必须从我国的实际情况出发,同时又要遵循高校管理的基本规律,把握住高校的特点。只有这样,才能使高校学生管理产生积极的效益,确保学生成才。

## 一、高校学生管理的特点

高校学生管理作为高等学校为实现人才培养目标而为大学生提供的引导与服务,有其自身显著的价值导向的特点。

高校学生管理总是为社会培养人才提供一定的服务,高校学生管理的目的、管理体制和管理形式总是受到社会经济基础、政治制度和意识形态的制约。因此,高校学生管理必然具有鲜明的价值导向,它总是贯穿并体现着一定社会的主导价值体系,并直接影响着大学生价值观的形成、变化与发展。我国是人民民主专政的社会主义国家,我国的高等学校是为社会主义建设事业培养专门人才的,这就决定了我国的高校学生管理必然要坚持社会主义的价值导向。具体地说,高校学生管理的价值导向主要体现在以下三个方面。

### (一)高校学生管理的价值导向集中体现在管理目标中

目的性是人类实践活动的基本特征。而人的实践活动的目的,总是基于一定的需要和对实践对象的属性及其变化趋势的认识与判断,因而总是体现着一定的价值观念。高校学生管理的目的同样如此。事实上,高校学生管理的目的以及具体展开的整个目标体系,都是基于一定的价值观念确定和设计的,都贯穿和体现着一定的价值观念和价值追求。因此,高校学生管理的价值导向不仅对管理者的管理行为和大学生的日常行为起着导向、激励和评价作用,而且会对大学生价值观的形成和发展起到重要的引导和促进作用。例如,建立和维护良好的教育教学和生活秩序是高校学生管理的重要目标,这一目标就体现了"有序"的价值,因而这一目标的执行,又会促进大学生形成"有序"的观念。同时,高校学生管理是大学生教育的重要环节。为谁培养人,培养什么样的人,始终是大学生教育的首要问题,当然也是高校学生管理的首要问题。显然,对这个问题的解决,必然鲜明地体现着一定的价值观念和价值追求。在我国现阶段,要体现社会主义核心价值体系,体现中国特色社会主义的共同理想对人才培养的要求。因而,我国高校学生管理的目标也必然要体现社会主义的价值导向。

### (二)高校学生管理的价值导向突出体现在管理理念中

高校学生管理理念是高校学生管理的指导思想,直接影响着高校学生管理的原则和方法。而高校学生管理理念也总是体现着社会的价值体系,往往是社会先进的价值观念在高校学生管理中的贯彻和体现。例如,高校学生管理中的"以人为本"的理念,就是我们党坚持的"以人为本"的价值理念在高校学生管理中的贯彻和体现。在高校学生管理中全面贯彻"以人为本"的理念,坚持做到"关心人、尊重人、依靠人、发展人、为了人",必然会对学生正确认识人的价值,确立"以人为本"的价值观念产生积极影响。

### （三）高校学生管理的价值导向具体体现在管理制度中

科学、严密的规章制度,是高校学生管理的基本手段,是高校学生管理规范化、制度化和法治化的基本保证和主要标志。而管理规章制度总是在人们一定的价值观念的指导和影响下制定出来的,总是体现着一定的价值导向,具体表现为要求大学生做什么,不做什么;鼓励和提倡做什么,反对和禁止做什么;奖励什么样的行为和表现,惩罚什么样的行为和表现;等等。高校学生管理制度中的这些规定无不体现着鲜明的价值导向。

## 二、高校学生管理的作用

高校是现代社会人才的培养基地,担负着培养人才的重大责任。高校学生管理工作是高校教育管理工作的重要一环,其责任总体上与高校的根本任务是一致的。这种责任决定了高校学生管理工作的重要作用,它主要体现在以下三个方面。

### （一）育人作用

高校学生管理是高校管理的重要方面,高校是人才培养的基地,高校管理是为了培养人才,高校学生管理更是直接针对大学生的。但这种管理却与一般意义上的管理不一样,它不是单纯的管理,而是带有教育性质,即不仅要通过管理促进高校的有效运行,而且要通过管理达到教育目的。也就是说,高校的学生管理是一种"管理育人"的管理,这种管理要与高校的教学、思想政治工作和心理健康教育等一系列工作有机结合起来,产生一种管理育人的效果,促使党的教育方针在高校真正得到落实。

### （二）稳定作用

高校学生是一个特殊的社会群体,他们具有青年的特质——朝气蓬勃、充满激情、追求真理、关心时事;同时也有着青年固有的不足——容易冲动、易走极端、时有盲从、阅历较浅、情绪不稳定等。他们在法律上是完全民事行为能力人,但从某种意义上讲,他们在心理上却是准成年人。

高校学生掌握着更多的知识,但和真正的知识分子相比,他们的知识又存在结构上的缺陷和知识量上的不足。这样一个大的群体居住在一起,各种矛盾冲突在所难免,如果处理不当,极易发生群体性事件。在全面建成社会主义现代化强国的过程中,各种政治、经济、社会和文化等方面的矛盾必将反映到大学生中来,如果管理不到位,缺乏敏锐的政治意识,高校的群体事件就可能演变为群体政治性事件,从而给社会的稳定带来威胁。因此,依法管理,通过制定并实施符合学校实际的规章制度,引导大学生端正学习态度、明确学习目的、掌握正确的学习方法、养成良好的生活习惯,通过各种渠道和措施,帮助大学生养成良好的心理品质,形成稳定的情绪,从而保持学校的稳定,是高校学生管理的又一重要作用。

(三)增强大学生能力的作用

高校是培养人才的场所,因此高校的学生管理应有培养学生的功能,应发挥增强学生能力的积极作用。例如,社会实践的管理,可以增强大学生社会实践和社会活动的能力;实验室的管理,可以增强学生的动手能力;心理咨询可以提高学生自我认识、自我调节的能力;学生的党团活动可以提高学生对党团的认识水平。

# 第四节　大学生管理对象与管理思想

## 一、高校学生管理对象及研究内容

所谓管理对象是指管理活动的承受者。随着人类认识的深化和管理的科学化、复杂化,不同时期、不同学派对管理持有不同的见解。一种见解认为管理对象是指管理活动所作用的各种具体对象,最初是人、财、物三要素,后增加了时间、空间,成为五要素,之后又增加了信息、事件,成为七要素等。另一种见解认为管理对象是指管理活动所作用的特定系统,即把管理对象作为由多种要素组成的有机整体,该系统与外界环境进行信息、能量、物质交流。高校学生管理作为高等学校管理工作的重要组成部分，其工作对象无疑是指高校学生。从广义的角度来看，这些学生应包括所有在高校求学的人，即专科生、本科生、硕士生、博士生等，因为这些人都是高校学生管理活动的承受者。高校学生管理涉及诸多知识体系，包括管理学、教育学、青年心理学、政治学、人才学等，因此高校学生管理是一门综合性、政策性很强的应用科学，它具有自己独特的研究对象，这个对象就是学生管理活动本质的、内在的联系及其发展变化的规律。对于中国来说，学生管理科学是以马克思主义、毛泽东思想、邓小平理论和"三个代表"重要思想、科学发展观、习近平新时代中国特色社会主义思想为指导，以党的路线、方针和政策为依据，建立在教育科学、管理科学、青年生理学、青年心理学等基本理论和丰富的学生管理工作经验的基础之上，研究学生管理的对象、任务、原则、内容、方法和规律的一门科学。

高校学生管理作为学校管理的一个重要方面，同其他管理工作一样，都是以教育领域某一方面的特殊现象和规律为研究对象的，它必然要受到教育领域总规律的支配与制约。因此，它又不同于管理工作的其他分类工作，具有相对的独立性。我们只有既认识到高校学生管理工作与其他管理工作的密切联系，又认识到它与其他管理工作的不同特点，才能真正揭示高校学生管理现象本身所具有的特殊规律，使之成为一门具有特性并富有成效的管理工作。

作为一门管理科学，一般而言，总要有相应的学科知识成为其所依循的工作方针，而一门学科的建立必须具备一个必不可少的条件，即它必须具有一套系统的范畴体系。范畴体系既体现了研究的角度，也展示了研究的内容，同时又表明了体系内各要素之间的关系。因此，准确而恰当地表述高校学生管理学的研究内容，最好的办法是确立这门科学的框架和范畴体系。我们认为，高校学生管理工作要研究的内容应涵盖以下三个方面。

## （一）学科理论的研究

包括高校学生管理学科的性质、理论基础、研究对象和领域、主要研究任务、学科的地位和作用,高校学生管理的指导思想和原则,如何对历史的经验进行抽象和概括以纳入理论体系之中,如何移植、融合相关学科的理论,不断丰富、完善和发展高等学校学生管理学科等。

### (二)方法论的研究

研究高校学生管理科学的方法论,一方面要研究根本的思想方法,另一方面还要研究具体的管理方法,如思想政治教育管理、大学生社区管理、教学与学籍管理、实践管理、社团管理、校园文化管理(含网络管理)、奖惩制度管理、社会心理健康与咨询管理、就业管理、学生党员管理与党建管理、学生干部队伍管理、学生群体性突发事件的应急管理等方面的管理方法与手段。

### (三)组织学的研究

高校学生管理是一项系统工程。对高校学生管理的组织领导体制、学生管理队伍的建设、学生管理的现代化趋势等,都必须做更为深入、全面的探讨。

## 二、高校学生管理的思想

科学的管理对提高管理效率、提升教育质量具有十分重要的意义;科学的管理有赖于符合客观实际的、法制化的、人性化的管理规章制度,而这一切都离不开科学的管理思想。

### (一)管理思想

所谓管理思想,是指关于管理的观点、观念或理论体系,是管理理论和实践的结合在人们头脑中的反映。管理思想对管理工作起指导作用,它随着人类社会及其管理活动的产生、发展而产生和演变。

高校学生管理属教育管理的范畴,其管理思想理应与教育管理思想相似,是一个极为复杂的理论课题。它应该也必须规定出自己的理论前提,也就是要与某种思想理论联系起来,以确立自己的基本方向。从哲学的层面看,高校学生管理思想主要包括四个方面的内容:

### 1.运用相互联系的管理思想

高校学生管理是一种复杂的社会现象，从宏观方面来看，高校与社会、家庭与时代是联系在一起的，大学生当然也不是与世隔绝的，所以高校学生管理牵涉社会、家庭，影响着时代，同时也受时代及历史条件的限制。从微观方面来看，高校学生管理诸要素之间是相互联系、相互制约的，如管理与学习的关系、管理与教育之间的关系、管理与服务之间的关系、管理过程与管理结果之间的关系等。

### 2.运用动态平衡的管理思想

管理是一个过程，这一过程是在不断发展变化的，既受大环境下政治、经济和文化变化的影响，又受高校本身物力、财力及办学思路变化的影响。一切都在变化中，管理工作也处在不断完善与发展之中。同时，作为管理对象的大学生，他们的人格、思想、行为也在学生管理过程中得到逐步发展与完善。所以把动态平衡的管理思想运用于管理工作中，就必须运用发展的观点，要有与时俱进的勇气，立足于现实，着眼于未来，不断地分析和研究新的情况，解决新的问题。

### 3.运用对立统一的管理思想

在高校的学生管理活动中，客观存在着各种矛盾关系，需要运用对立统一的管理思想分析研究并最终解决这些问题和矛盾。例如，管理者与管理对象之间的矛盾，教育、服务与管理之间的矛盾。

### 4.运用实践探索的管理思想

实践是检验真理的唯一标准，同时，实践又是正确认识的主要来源。高校学生管理是一门实践性很强的学科，有很强的操作性要求。因此，我们在开展高校学生管理工作的时候，一定要有实践意识，要有探索创新的勇气，并将在实践过程中形成的好的经验提升到理论的高度，从而在整体上指导学生管理工作的新实践。如此往复，以至无穷，推动我们学生管理工作水平不断提升。

## （二）指导思想

研究我国高校学生管理，主要应注意运用以下四个方面的理论观点和指导思想。

**1. 运用高等教育和现代管理科学理论指导高校学生管理**

现代治校观念要求我们靠现代科学来管理学校、管理学生。具体说来：要靠教育科学，要遵循教育的外部规律与内部规律办事。如高等教育的规模由一定的经济基础决定，反过来又作用于一定的经济基础。高校作为高等教育的主要载体和平台，其人才、资源、市场面临着越来越激烈的竞争，理念、体制、结构也面临新的变革和调整。高校要准确把握社会脉搏，直接面对市场办学。大学生管理也要研究新情况，解决新问题，培养面向 21 世纪的高素质复合型人才。运用现代管理科学的理论与方法进行管理，使学生管理队伍的组织机构严密、管理制度科学、人员分工合理、职责范围明确、奖惩分明、运作协调、工作高效等。运用现代管理科学指导学生管理主要是运用它的基本原理，包括系统整体性原理、要素有用性原理、动态相关性原理、人的能动性原理、规律效应性原理、时空变化性原理、信息传递性原理、控制反馈性原理等。我们应在管理实践中力争使管理组织系统化、管理决策科学化、管理方法规范化和管理手段现代化。

**2. 运用马克思主义关于辩证唯物主义的理论**

用对立统一观点指导高校学生管理，在管理中坚持整体观。马克思辩证唯物主义基本原理是一切社会科学和自然科学的理论基础，马克思主义的认识论和方法论，渗透于所有社会科学和自然科学之中，也同样渗透在高校学生管理科学之中，我们要运用对立统一观点，坚持管理的整体观。在纵向上，坚持整体观就是坚持局部与整体的统一，从学生管理工作的整体系统看，组成这个有机整体的各部分又都是一个支系统，是局部。学生管理系统的整体功能是由各部分的组合形式决定的，虽然支系统都各有特定的功能，但它们都应服从于学生管理系统整体的目的和功能，各个支系统的要素都是为了整体目的而建立的。在横向上，坚持整体观就是处理好各支系统之间的分工与合作的一致性，把各部门都协调到培养全面发展的人才这一共同的管理目标上来。

**3. 坚持马克思主义关于人的全面发展的理论**

培养有理想、有道德、有文化、有纪律的全面发展的高级专门人才，是我国社会主义大学的根本任务，做好研究工作首先要解决"为谁培养人"

和"培养什么人"的问题。我国社会主义大学的性质决定了我们必须确保学校培养出来的毕业生不仅要有扎实的科学文化知识和健康的体魄，而且必须具有高度的社会主义觉悟，要有理想、有道德、有文化、有纪律。要培养这样的新人，就必须按照马克思主义中人的全面发展的教育思想办教育。马克思主义教育思想的核心就是关于人的全面发展的学说；培养德、智、体、美、劳全面发展的建设者和接班人的教育方针，是对马克思主义这一理论精髓的具体运用，是对马克思主义关于人的全面发展学说的继承、丰富和发展，是党和国家的教育方针的具体化。我们要把培养全面发展的"四有"人才作为我们的根本任务和落脚点。

4. 继承和发扬高校学生管理的成功经验

高校学生管理工作的成功经验是当今学生管理工作的宝贵财富。首先，社会主义大学必须坚持中国共产党的领导，坚持社会主义方向，这是一条基本经验。坚持党的领导就是以党的路线、方针、政策作为社会主义大学管理的基本指导思想，就是要确保社会主义大学的社会主义方向，调动全校师生员工的积极性，为培养德、智、体、美、劳全面发展的高级专门人才而努力奋斗。坚持社会主义方向，是由我国大学的社会主义性质决定的，一切管理工作都要根据党的路线、方针、政策去组织、实施。各项规章制度的制定都要有利于调动广大师生员工的社会主义积极性，这是衡量管理功能与效益的基本点。其次，管理工作要规范化、制度化，即把符合社会主义方向的，又经过实践检验的比较成熟的民主管理和科学管理体制、程序、办法用制度形式固定下来，使工作形成规范，其中心点是责、权、利相结合，使制度的思想性和科学性统一。最后，坚持理论联系实际的原则，面向社会实践，将教育与生产劳动相结合。社会主义大学培养的人才，必须适应社会主义市场经济的需要，在思想上有高度的社会主义觉悟和共产主义献身精神，在业务上不仅要有理论知识，而且要有较强的分析问题和解决问题的能力，要有实干精神和较强的独立工作能力。

# 第二章　大学生管理模式的内涵及外延

## 第一节　高校学生管理模式的概念及分类

高校学生管理是高等学校管理工作中的重要组成部分,是指高校在一定思想理论的指导下,经过长期实践而形成的各项学生工作的思维方法和操作方法。高校学生管理的基本含义是:高等学校通过非学术性事务和课外活动对学生施加教育影响来规范、指导和服务学生,丰富学生校园生活,促进学生发展成才的组织活动。

高校学生管理是高校对学生在校内外的学习和活动进行的计划、组织、协调控制的总称,它是高校管理者按照教育方针规定的组织指导学生教育标准。它有目的、有计划、有组织地对学生进行各种教育、管理和服务,使学生在德、智、体、美、劳等方面都得到发展,成为中国特色社会主义现代化事业的建设者和接班人。学生管理工作是一项系统工程,它的具体内容包括众多方面,概括地说,它以德育为主导,以智育为核心,以学风为重点,以党建带动全面工作;具体地讲,它涵盖了学生的学习、生活、思想教育等,规范了学生的日常行为、扶贫解困、就业指导等诸多方面。

高校学生管理的内容多种多样,在学生活动形式上可归纳为学生思想品德管理、党团组织管理、学习管理、生活管理、学生自我管理、班级管理以及行政管理、教育评价管理等。

## 第二节　高校大学生管理模式的发展阶段

### 一、学生工作体制的建立阶段(中华人民共和国成立初期至 20 世纪 70 年代末)

中华人民共和国成立初期,学生工作的主要内容是组织学生学习国内外形势及党的路线方针政策。这一时期,学生工作者被称为"学生政治思想工作者"。在组织结构上,校领导中有一人负责思想政治工作,党、团组织及行政领导负责学生的全面发展,在各系中有专人负责学生工作。学生管理者的主要任务是:负责学生在校期间的政治思想教育工作,组织党、团活动,监督学习纪律,评定并发放人民助学金及国家补助补贴。

在新中国成立以后的 17 年中,高校学生工作的主要特点是:

1.学生工作的内容以学生党团活动为主,突出政治性,其工作由校党委组织部、宣传部和校团委承担。

2.学生工作没有独立的地位,也没有设置专门的机构,它只是作为学校政治工作的一部分而存在。

3.招生和毕业生分配工作分别由教务处和人事处负责。

### 二、学生工作体制的恢复与调整阶段(改革开放初期至 20 世纪 80 年代末)

1977 年恢复高考制度后,为了适应新的高等教育目标,贯彻德、智、体全面发展的教育方针,培养具有专业知识的人才,高校相继在 20 世纪 70 年代末至 80 年代初设置了专门机构负责学生工作,有的高校称之为"党委青年部",有的高校称之为"党委学生部"。学生部成立后,专门负责全校学生工作,对学生进行党的方针政策、形势任务和思想品德的教育;分析学生的思想动态,研究学生思想政治教育的对策,负责配合校党委组织部做好学生入党积极分子的培养教育工作,指导团委和学生会的工作。

80 年代以后,随着招生规模的扩大和向正规化管理方向的发展,一些新的学生行政事务工作应运而生。各高校在不断加强学生教育工作的同时,部分高校成立了学生处,负责学生行政管理工作。该时期,多数高校将原党委学生部与学生处(学生科)合并,成立了学生工作部(处),实现了二元结构向一元结构的转变。在此基础上,高校陆续将与学生切身利益密切相关的毕业生分配工作划归到学生工作部(处),使毕业生分配与毕业生教育长期脱节的情况基本得到解决;把住出口关,对规范学生行为、加强教育管理都起到了一定的作用。

## 三、学生工作步入新的发展阶段(20 世纪 90 年代至 21 世纪初)

20 世纪 90 年代,随着招生就业制度改革,学生要交费上学,这就要求建立合理的学生助学体系和毕业生的自主择业体系,要求学生工作结合改革发展中出现的新情况、新问题,发挥引导、服务和保证作用,学生工作也因此要在结合渗透上下功夫,学生工作的职能进一步由管好管住向服务、渗透转变。对此,各高校分别成立了独立的或不独立的就业指导中心、勤工助学中心(办公室)、心理咨询中心等。一方面引进竞争机制,增强学生自立、自强意识;另一方面完善服务体系,化解学生在成才、就业及生活等方面的矛盾。有的高校将招生划归到学生工作处,有的高校将学生宿舍管理划归到学生处管理,而后又划归到其他部门(采取后勤社会化),有的高校成立了学生工作指导委员会,有的高校实行学生工作处与相关部门"合署办公"等。

进入 21 世纪,随着我国社会主义市场经济体制的建立和不断完善,面对高等教育开始进入"大众化"阶段的现实,高校学生工作的内涵不断丰富,步入新的发展阶段,并不断形成了现阶段的学生工作模式:国内多数高校的学生工作采取学校、院系二级管理模式,院系在学校的领导和宏观指导下开展工作;校党委、校行政均设分管学生工作的校党委副书记、副校长;校党委职能部门中设立学生工作部,校行政职能部门中设立学工作处,实行合署办公。有的高校让党委武装部与学生工作部(处)合署办公;校内各教学院(系)通常设分管学生工作的党总支副书记兼副院长(系主任),领导本院系学生工作办公室及辅导员开展工作;一般按学生年级配备辅导员(年级主任),各班级由业务教师担任班主任配合辅导员的工作;学校设立以主管校领导为主任的学生工作指导委员会,负责协调处理全校学生工作的重大问题,其办公室设在学生工作部(处)并由学生工作部(处)长兼任办公室主任,便于协调学校党政对学生工作部(处)的领导;学生工作不仅包括大学生日常管理工作,还包含就业指导、助学扶贫(包括国家助学贷款)、心理健康教育、成长成才咨询、"两课"教学辅助等诸多工作和内容;许多高校在校学生工作部(处)下设立了一些学生服务与管理机构,如大学生助学办公室、大学生心理咨询中心、毕业生就业指导与服务中心、大学生活动中心等。

在这个时期,高校的学生工作队伍也逐步形成了由专、精的专职人员和较多的兼职人员组成的人员结构,并按照相对独立的德育教师系列或教育管理系列评聘专业技术职务。近几年,随着国家对高校毕业生工作的高度重视,有些高校将毕业生就业中心设为机关职能部门并让其直接在主管学生工作的校党委副书记兼副校长的领导下开展工作。

# 第三节　高校大学生管理模式的载体研究

高等学校面临三大任务,即人才培养任务、科学研究任务和社会服务任务。其中,人才培养任务是高校学生工作的一个主要目标。高校学生工作面临的问题复杂多样,要得以有效展开和推进,必须寻找和依托并有效运用合适载体。

## 一、何谓高校学生管理工作的载体

"载体"最初的定义是一个化学名词,是指能够贮存、携带其他物体的事物。现在的"载体"一词则被广泛地运用到了各个学术领域。对于高校学生管理工作而言,载体主要是承载和传递素质教育的媒介。

## 二、高校学生工作载体的分类

高校学生工作的载体包括很多内容,并随着社会的发展变化而不断创新,大致划分如下:

### (一)理论学习型的载体

理论学习型的载体包括课程班、课堂教育、会议等。它们的共同特点是为大学生的成才培养提供理论基础,通过交互式的学习,掌握素质教育的一些基本原则和理论。

### (二)主题活动型的载体

主题活动型的载体包括学生社团活动、党团活动、校园文化创建、社区活动、社会实践、军训、首日教育等。它们的主要特点是依托外在不同的活动内容,将教育理念的精髓贯彻其中,以广大青年学子喜闻乐见的形式进行有效传输,从而达到人才培养的目的。

### (三)信息网络型的载体

信息网络型的载体包括微信、博客、电子邮件等。这类载体的共同特点是充分利用信息社会、新兴网络的便利条件,占领教育的新领地。

### (四)"点对点"型的载体

"点对点"型的载体包括心理辅导、谈话谈心、家访等。此类型载体的主要特点是针对性强,获得的信息较为准确和完整,有助于解决学生工作中的重点问题和难点问题,有助于根据学生个体的差异采取差异化的教育方法。

## 三、高校学生工作载体的时机选择

高校学生工作载体的选择应遵循三个原则:①有利于解决学生工作中的问题;②有利于学生工作的长远发展;③有利于完成人才的培养。

### (一)因高校学生工作的对象不同而异

高校学生工作的对象主要就是大学生,而当代的大学生具有不同类型的特点,分层、分类教育作用显得格外突出。差异化的个体要求我们提供个性化的解决方案,这在一定程度上对工作载体的选择也提出了更高的要求。

1.了解工作对象的特点

当代大学生主流思想是积极、健康、向上的,他们热爱党、热爱祖国、热爱社会主义,坚决拥护党的路线方针政策,但也不同程度地存在理想信念模糊、社会责任感缺乏、心理素质欠佳等问题。而具体到不同的高校中,大学生的状况也不尽相同,这就要求我们必须充分掌握工作对象的特点,研究面向不同工作对象的不同应用规律来选择教育载体。

2.把握工作对象的诉求

在实际工作中,我们必须掌握工作对象的需求,既要掌握群体性的需求,又要了解个体性的需求,进而选择相应的工作载体,在事态的不同阶段,或不同的事态过程中,工作对象的诉求也会有相应的调整和变化,我们一方面需要重视和尊重这种变化,并相应地调整载体的运用和选择,另一方面应对不尽合理的诉求加以控制和引导。

### (二)因高校学生工作的侧重不同而异

高校学生工作的总目标是人才的培养,但具体到不同的阶段,有不同的任务,在工作中的重点便有所不同,而对待学生的教育是常态的。因此我们要在不同的侧重范围下选择适当的工作载体,完成对学生的常态教育。

1.明确学生工作阶段性任务

学生工作进程中面临不同的阶段,任务会因变化有所调整,重点任务也不尽相同。因此,载体选择必须具有针对性,且以服务不同的工作任务为目的。在学生工作的特定阶段,载体所承担的意义和承载的功能会有相应的变化,适机选择工作载体和运作方式有助于各阶段任务的完成。

2.保持学生工作的整体连贯性

学生工作是一个有机整体,具有系统性和连续性,这也要求开展相应工作的载体间要保持有机协调性和连贯性。这种协调性一方面需要人为地加以合理选择和充分运用,另外也要服从于学生工作整体属性和特点,背离这种统一协调性的载体运作只能与真正的工作背道而驰。

### (三)因高校学生工作的时效不同而异

无论是从教育的内容、教育的效果上看,还是从教育对象的发展情况上看,高校学生工作都具有典型的时效性。因此选择适当的工作载体有助于在有效的时间或有限的时间内完成学生工作。

#### 1.整合优化学生工作的效率

要注意把握不同的时间节点,在时效阶段内通过工作载体的变换与应用,完成学生工作。在不同的时效作用下,应充分利用已有的、可行的工作载体,深入挖掘和充分整合学生工作中的各种可用资源,提高运行效率,实现工作效果的最大化。

#### 2.找准学生工作中的黄金切入点

要重视学生工作中有效时机的掌握,根据时间和形势的变化,做出充分的判断,寻找适当的时机介入有效的工作载体,进而全面推进学生工作。值得注意的是,学生工作中的黄金切入点是动态而非静态的,是随着时间的推移、工作形势的发展而不断变化的。

### (四)因高校学生工作的环境不同而异

这里的"环境"不是狭义上的实体建筑等学校环境,而是"软性"环境,例如,学校的规章制度、社会的宏观政策、学生思想动态的变化波动等。这些工作环境上的变化是个人无法控制和左右的,因此如何选择工作载体以适应环境及环境的变化就显得尤为重要。

#### 1.保持工作中的大局观

学生工作必须在本质上紧紧把握主流的社会价值观,紧扣时代的主旋律,学生工作在工作背景上受政治、经济、文化和社会发展的影响很深,这就要求学生工作必须保持大局观。站得高,看得远,有利于统一筹划工作,在载体的运用中要充实更多、更新的理论及实践成果。

#### 2.工作中以"不变"应"万变"

外在环境的变化因素固然难以控制,但学生工作仍须坚持"以我为主"的工作方式,这主要由于学生工作的根本任务和主要目标没有发生变化,即人才的培养。在此情况下,面对外界变化,学生工作一方面要继续探索新的工作载体,另一方面也需要在工作的形式、方法和内容上与时俱进。

## 四、高校学生工作载体的运用方式

高校学生工作载体的运用方式没有固定套路,没有统一模式,只要站在较高的思想高度,统一认识即可。所谓条条大路通罗马,有效运用高校学生工作的载体,可以行之有效、事半功倍地完成工作。

### (一)"连贯持续"式的运用

一方面,教育无时不在,无处不在,这也为载体的持续使用提供了可能性;另一方面,载体的连贯持续使用也有助于工作更快、更好、更有效地完成。

1. "连贯持续"式的运用条件

载体较为成熟,具有类似性,随时间推移变化不大的情况下可反复使用则较为实用。如运用理论学习型的课堂教育、主题活动型的军训等。

2. "连贯持续"式的操作方式

在相当长一段时间形成一种固定模式或将工作载体的运用以制度化的方式固定下来,在学生工作中不断使用。如在年级中成立年级管理委员会,在班级管理中建立固定班会制度和不定期班委会制度,就是对群体学生管理和教育的一种有效模式。通过这种模式,年级管理委员会成为各个班级之间沟通的一个桥梁,也成为反映问题的一个总出口,可以有效打破各个班级信息不畅、各自为政的局面。同时,在这种情况下,班会也可以被更加有效地利用起来进行各类文件、时事政治等的学习。不定期的班委会制度由于机动性强,应变灵活,利于解决各类突发事宜,最终有利于班级工作的整体开展和推进。

### (二)"组合拳"式的运用

"组合拳"是拳击运动中的一个术语,其本义是不同拳法的一个组合。

在学生工作的载体运用中,通常指运用不同的载体组合来完成一件或一个时期内的工作。

1．"组合拳"式的运用条件

单一载体效果不佳,多种载体具备操作条件,在相对固定的时间和阶段内要求学生工作较为实用,如理论学习和主题活动相结合。

2．"组合拳"式的操作方式

充分利用各种载体的优点和长处,在某一特定情况或固定阶段下,依据工作完成的最大效率和效果的要求,而不断组合各类工作载体,组合的方式依据载体的选择不同而异。如在对学生进行诚实守信的专项教育中,可以有效组合理论学习型、主题活动型和"点对点"型的载体来进行工作。可以通过班会来学习讨论,并在课上进行专题理论阐释,例如开展以诚信为主题的演讲或小品比赛,考前可进行诚信签名活动等,让诚信观念深入人心;在诚信教育中,对个别同学还应采取谈话谈心的方式,让他们认识到缺少诚信的危害,督促他们诚实守信,避免因小失大。

### (三)"全覆盖"式的运用

"全覆盖"一方面是针对工作对象的全覆盖,另一方面则是指尽量使用更多的载体,不断寻找一切可能的载体来运用于学生工作之中,使之更加完善。

1．"全覆盖"式的运用条件

学生工作内容较多,涉及面较广,常规性工作、日常管理性的工作或以按部就班性为主的工作较多时适合运用。如考虑到一段时间内的工作时,综合考虑多项工作载体。

2．"全覆盖"式的操作方式

利用各种载体的不同特点和特性,有针对性地完成整体工作的特定部分,从而在全局中有效地推进整体工作。如在学年的工作计划中,既要考虑学年工作中不同学期的阶段性,又要考虑各项工作的持续性,同时要保证各项常规工作的顺利完成,并择机推出有特色亮点的工作,还要防范危机和突发事件。其中不仅包括年级、班级这些整体的工作,还包括具体到每一位学生个体的工作,工作因此非常繁杂,必须有的放矢、未雨绸缪。在工作中充分利用各种载体,开展相应的工作,消除学生工作过程中的盲点,实现学生工作的全覆盖。

### (四)"重点突击"式的运用

在工作中要善于运用自己擅长的且经事实证明行之有效的载体,可以将其作为重点工具,使其在关键时刻发挥作用,并达到预期的效果。

1."重点突击"式的运用条件

学生工作的时间有限,工作的要求较高,任务较重,面对突发性事件或个体面临较为严重的问题等情况下使用较为频繁。

2."重点突击"式的操作方式

高效、合理地选择载体,刚柔并济地运用载体,在有限的时间和规定的阶段内实现学生工作的目标。

各种载体的运用方式不是唯一的,也非一成不变的,是随着形势和要求的不同而不断变化的。高校的学生工作任重而道远,在培养人才这个中心任务的指导下,整合利用各类有益的工作载体,并不断探索学生工作的新载体,针对实际工作中所面临的各类问题,不断开创高校学生工作载体新的运用方式,才能真正实现学生教育和素质能力教育的双提高。

# 第三章　大学生的教育管理策略

## 第一节　更新大学生教育管理理念

高等院校学生教育管理工作既具有有利条件,也面临严峻挑战。面对新情况和新问题,需要高等院校管理者重新思考高等院校自身所处的社会环境,正确认识全球化、网络化、数字化、信息化给学生工作带来的冲击,积极探索新环境、新情况下学生管理工作的新思路、新理念,为大学生的学习、生活提供最大可能的指导和帮助,使他们能够健康成长、成才。

教育管理理念是高等院校育人工作的核心因素,是统领学校育人工作的灵魂,对于其他因素具有显著的整体制约性和指导性。在对大学生心理健康影响因素的研究中,我们发现大学生心理健康因素受到学校教育的影响。从当前大学生心理健康现状以及对其影响因素的综合分析来看,要促进大学生心理健康水平提升,高等院校的大学生教育管理理念必须进行革新。从整个高等教育领域发展来看,我国高等院校正在从扩张办学规模向提升人才培养质量的道路迈进,正在经历由只专注学生知识技能的培养向更加重视学生心理潜能的开发转变。要完成这样的变化,也必须从总体教育管理理念的革新开始。

# 一、新时期高等院校学生管理工作面临的新情况

## (一)全球化意识和社会主义市场经济对高等院校教育管理工作的影响

全球化意识就是指在世界范围内起作用的正在形成过程中的世界整体意识和全球文明。全球化意识的渗透和弥漫趋势在不断加强。全球化借助网络技术成为一种现实的运动,并在广度、深度、强度和速度等方面都达到了前所未有的程度。实际上,我们每一个人,不但是某一个国家的公民,而且是地球村的一个村民,即世界公民。地球上任何地方发生的事件和危机,都可以迅速传遍每一个角落。学生的思想也处于一个更加开放的环境,特别是在国外敌对势力利用经济、政治、军事优势,加紧对我国实施"分化""西化"图谋,利用各种手段和渠道对青年一代进行思想文化渗透的背景下。在这种情况下,如何让青年学生既充分吸纳国外优秀文化成果,又能自觉抵制不良思想的侵蚀,是高等院校管理者应当思考的一个重要问题。

同时,随着社会主义市场经济的深入发展和不断完善,我国社会经济成分、组织形式、就业方式、利益关系和分配方式日益多样化,大学生思想活动的独立性、选择性、差异性日益增强,但是这些也使学生管理体制面临新考验。

## (二)信息与网络时代对高等院校教育管理工作的冲击

卫星通信、数字化、多媒体和计算机网络等技术的发展,对高等院校产生了巨大的影响,校园生活变得网络化、信息化、智能化、个性化,由此真正突破了传统的教室和校园围墙的界限,使知识的创新、传播、转化和应用的速度变得更快。网络已经促成一所没有围墙的大学的诞生。信息化、数字化、个性化的社会环境为学生提供了无穷无尽的生活空间,他们获取知识和信息的渠道比以前的人多得多,获取信息、传递信息的手段比以前更先进、更快捷。由于外部世界的多样化,再加上学生缺乏辨别是

非、认清善恶的能力,最终导致学生对传统文化认同度降低。这对高等院校的学生管理思想、管理体制和管理方法造成了巨大的冲击。

## 二、新时期高等院校学生管理工作的新思路

### (一)树立"以学生发展为本"的教育价值观

教育价值观既体现为学校教育的价值取向和追求,也体现为人们评判学校教育价值有无、高低和大小的重要指标。高等院校的教育价值观表达了高等院校教育活动的最高价值追求,它影响着高等院校育人工作的核心价值行为,当前高等院校育人工作存在的许多问题的核心就是教育价值观问题,其中也包括大学生心理健康问题。面对大学生心理发展和素质提升的现实需求,高等院校必须树立"以学生发展为本"的教育价值观,以促进大学生教育管理工作的进行。在这里,"以学生发展为本"的教育价值观应包含三个含义。

#### 1.学生的"人的价值"是高等教育价值的中心

理论上人的价值具有个人和社会两个不同属性,在现实中如果人的价值是由他所创造的社会价值所决定的,那么他全面自由发展的水平决定着他创造活动的水平,进而决定着他所创造的社会价值。从这一视角出发,大学生的自我价值同其创造的社会价值应该是统一的。因此,片面强调大学生个体的价值就是其对他人、对社会的贡献,忽视其个人发展的需要甚至否认其个人的价值主体地位的教育价值观,没有领悟到人的自我价值与社会价值的辩证联系,必然导致高等教育中学生的主体地位被抹杀,使得高等教育成为"无人"的教育,更别说大学生培育了。在当前高等教育领域中,许多高等院校仅仅是把"以人为本"的理念停留在口头上,还没有真正将该理念深入头脑,成为行动。面对各种指标和短期效益,这一理念往往被抛到脑后,这也是大学生心理问题的根源,因此,无论从哪个方面来说,高等院校教育活动的价值必须以学生的个体发展为中心,也就是以学生的"人的价值"为中心,这是高等院校培育大学生的前提和基础,脱离了这个中心,高等教育活动的社会价值以及经济价值、文化价值

等也不可能得到有效实现。

**2. 高等院校教育价值的提升来自学生价值的提升**

人通过接受教育获得生活技能和智慧,精神世界得到进一步丰富和发展,从而使人的生活变得更加有意义。教育对人的发展的决定性作用表明教育活动就是为人的发展和创造活动而开展和设计的,教育中所有因素的价值都是在提升人的价值的过程中得以显现的。因此,可以说满足大学生身心发展的需要是高等院校教育价值的主要体现。在现实中,文化传承、服务社会、科技创新固然体现着高等教育的价值,但是基于对教育价值的整体考量,学生价值的提升才是彰显教育价值的根本,因为人的价值是创造其他价值的基础,所以,如果没有学生的全面发展,没有学生素质的提升,教师发表再多的论文、产出再多的科技成果,都体现不出教育的根本价值。这是一种本末倒置的价值考量,是违背教育伦理原则的价值取向。

**3. 促进个体和谐发展是高等院校提升学生"人的价值"的根本前提**

高等教育的基本功能就是提升人的价值,即提升大学生个体的人格价值和社会价值。在高等教育提升人的价值的过程中,只有首先使个人潜能和素质得到充分发展才有可能实现其价值的更大提升,从这个意义上说,促进大学生个人的全面发展,是提高其个人价值的根本前提。从教育学意义上理解,大学生的全面发展是指其基本素质的全面发展。这正是新时期对大学生全面和谐发展的基本要求,也是大学生心理素质发展和提升的内在需求。可见,只有大学生具有了完整人格,才能够产生更好的影响力;只有个体的社会价值得到充分展现,大学生才能够更加自信、乐观,才能够具有发展动力和更强的意志力。

**(二)树立正确的高等教育伦理实践效益观**

高等教育存在的合理性就在于其能够依据人的成长发展需要和社会发展客观规律,开展有目的的、自觉的和能动的教育活动,实现其承载的促进人的全面自由发展和为社会发展培育高素质创新人才的功能。高等院校教育只有在两者之间找到一个相互协调的平衡点,才能很好地完成这两项基本功能,这是高等院校进行教育伦理实践的基本标准和要求,也是保障高等院校有效开展大学生管理培育工作的前提条件。

1.高等教育伦理实践应体现出个体层面的价值功能

高等教育伦理作为一种道德行为规范,起着调节教育活动中教育主体之间关系的作用,它规定着教育主体应该做什么和怎么做,引导教育主体行为以"善"为价值取向,从而推进受教育主体的全面发展。高等教育伦理作为一种特定领域教育活动的内在善恶规范,对于受教育者应当如何发展、成长为什么样的人,在实施教育行为之前,已经预设好了结果和路径,并根据这个结果和路径组织教育实践,使受教育者在教育实践的影响下形成具有鲜明自我特征的个性品质,并按照预期路径实现个人的自由全面发展,最终成为人性得到全面诠释的真正的人。此外,高等教育伦理作为高等教育主体把握教育实践活动内在本质的特殊依据,还反映着主体行为的价值意识,引导着教育主体对现实高等教育实践活动的价值选择,对教育主体的人格完善和发展具有促进作用。

2.高等教育伦理实践应体现出社会层面的价值功能

高等教育伦理作为社会伦理系统的一个组成部分,在对象和内容上包含了社会的各个层次和方面,主要通过受教育的人对社会产生间接导向作用。高等教育的基本功能是培养高素质创新人才,通过培养人才为社会生产服务、为经济发展服务、为政治活动服务、为文化传承服务等,实现高等教育的经济价值、政治价值和文化价值,即社会价值。因此,高等教育伦理的社会价值最终也要通过其培养的人去实现,并体现为一种社会功能。高等教育伦理作为调节教育主题、教育活动的道德规范和价值精神,其实现自身社会功能的基本路径就是通过优化教育发展和提高受教育者的整体素质和能力,进而促进社会现代文明的发展。从一定意义上讲,高等教育伦理这一社会功能具有一种特殊的人力资本价值,不但对社会的政治、经济和文化发展发挥着积极作用,而且对个体的自我效能、希望等品质的发展也起着特殊的作用。

高等教育伦理的个体功能和社会功能是不可分割的两个方面,高等教育伦理实践的理想效益就是通过高等院校教育活动使其具有的个体功能和社会功能达到统一,促进两个功能和谐发展。

## (三)凝练全方位育人的学校育人观

高等院校教育过程中包含着很多影响大学生心理问题的因素,如师生互动过程中的人际支持、教师个人魅力和教育管理主体的素质以及学校制度文化和环境文化等,这些因素都会对学生心理活动过程产生潜在影响。因此,树立全方位育人管理思想对大学生培育管理具有积极作用。目前,多数高等院校的管理者都认识到了全方位育人的重要作用,但是在如何实现全方位育人,如何通过系统的全方位育人方案提升大学生心理健康和整体素质水平方面还没有一套成形的思路或做法。在此,高等院校有必要进一步凝练和明确全方位育人的育人观,使学校管理架构中的每一个方面都充分发挥自身优势,形成合力,进而促进大学生整体素质有效提升。

### 1."全方位"要体现在一个立体的、整体的系统上

高等院校教育过程中包含的影响大学生心理健康的外在因素是多方面的,既有教育者主体作用,也包含着环境因素。教育主体内涵非常丰富,从广义讲,教育主体不仅包括教师、后勤人员、管理人员,还包括大学生自身和家长等;但是从直接发挥作用的主体看,主要体现在辅导员、教师、学生群体和家长等几方面。环境因素是影响大学生心理发展的重要外部因素,主要包括非物质环境和物质环境。在这里,环境的创造离不开教育主体的作用,不同的教育主体发挥着不同的积极作用,影响大学生心理的外在因素充满了复杂性、联动性和特殊性,这些因素与大学生个体内在因素相互作用,共同构成了一个外在的立体的整体系统,在这个动态的整体系统中,每个影响因素在不同时期、不同事件中的作用又不同,它们互相促进或者互相抑制。因此,要全方位育人就要充分发挥各要素的整体性、联动性和积极性,发挥影响因素的立体作用,不能将各要素割裂开来单独审视,期望其独立发挥作用。

2."全方位"还体现在教育主体影响作用的多面性、复杂性上

在高等院校育人过程中,影响大学生心理问题的因素来自方方面面,呈立体态势。同时,就每一个因素来讲,它的作用又体现在多个方面,这些作用有可能是互相促进的,也有可能是互相抑制的,并且每一个作用的影响力大小也不尽相同。例如,教师既可以通过良好师生关系为学生日常生活提供积极的人际支持,进而对学生人格发展产生积极影响,也可以充分发挥自己的才华,在教学活动中充分展示自己的人格魅力以感染和影响学生,还可以精心设计教学过程和教学内容,通过教学过程的实施和教学内容的展现影响学生,等等。通过调查我们发现,在每个教育主体的作用中,人际支持作用对心理问题的影响作用最大,主要包括家长的人际支持、教师的人际支持、同学的人际支持等。因此,全方位育人不仅要体现在育人主体的丰富性、系统性上,还要体现在每一个育人主体的多面性、复杂性上,全方位育人要切实考虑到每一个教育主体的育人优势,充分发挥各育人主体的优势作用。

3."全方位"还体现着校园文化作用的立体化

从高等院校育人过程的宏观角度来看,校园文化建设是全方位育人工作的一个方面,它与各个教育主体互相联动。但是就校园文化自身来看,它又是一个由各种因素构成的立体网络结构,既包含意识形态的内容,也包含物质的一面,如校园制度文化、学术氛围、社团文化、校园环境等。这些结构相互作用、相互影响,构成了一个整体,在育人过程中发挥着整体作用。在意识形态方面,有的通过各项制度体现,有的通过行为活动体现,还有的通过校园历史的积淀体现;在有形的物质方面,有的通过校园环境体现,有的通过教学设施体现。无论是物质的还是意识形态的,都通过其特有的方式对大学生的心理活动、思想意识发挥着作用,其作用的大小也会因学生群体自身特点的不同而不同,因作用方式和强度大小的不同而不同。因此,高等院校校园文化建设既要考虑不同影响因素的作用方式、作用效果,又要考虑不同大学生群体的自身因素。

### (四)创新高等院校生涯教育观

生涯规划能力是大学生应该具备的基本能力,是大学生开展生涯规划的基础,是大学生实现其全面发展的前提条件。高等院校生涯管理就是为帮助大学生做好生涯规划,培养大学生生涯规划能力而针对个体开展的一系列影响活动。通过一系列的制度、措施引导和帮助大学生规划生涯,提升其生涯规划能力,使之能够有效规划自己的大学生涯,自觉开发自我发展潜能,为其以后的发展奠定基础。我国高等院校开展大学生生涯教育起步较晚,多数高等院校的生涯教育偏重职业指导和职业规划,没有形成中国本土化的高等院校生涯管理理念,同时我国当前高等院校生涯管理仍存在许多问题,高等院校生涯管理工作不能适应大学生生涯发展需要。因此,高等院校在大学生心理健康培育和提升过程中应创新高等院校传统生涯教育观念,树立生涯管理意识,强化学校生涯管理工作。

#### 1.高等院校生涯管理的主要任务是培养大学生的生涯规划能力

高等院校生涯管理是指高等院校为实现高等教育的人才培养目标,满足大学生个体全面发展的实际需求,对大学生在校阶段的生涯发展实施的管理和辅导工作,其主要任务是培养大学生的生涯规划能力,具体来讲:一是培养大学生生涯探索能力和自我经营能力,使学生正确认识自我、了解自我、接纳自我,具有强烈的生涯发展需求,能够清醒地面对未来的职业发展,了解相关职业领域的发展需求和现状,努力充实专业知识,提升职业技能,积极探索自己潜能发挥的有效途径;二是培养大学生生涯决策能力,使学生在生涯发展的一系列决策过程中,知道如何设定生涯目标和如何及时调整目标,如何确定自己职业发展方向和未来职业范围,在面对抉择情境时,能实事求是看待问题并做出正确决策;三是培养大学生生涯行动及监控能力,使学生在计划执行过程中能够通过有效的时间管理、建立良好的人际关系、积极适应周围环境变化、创造性地解决问题来保证计划实施、及时调整不合理计划以及就自己发展的不足积极提升自己,以适应生涯发展对个体的新要求。

2.以"生涯管理"基本理念指导大学生开展职业生涯规划

从生涯发展角度来看,大学生正处于对未来职业进行探索的阶段,仅凭个人的经验和能力很难对未来职业生涯进行准确定位,开展合理规划。高等院校开展生涯规划指导,可以帮助学生进一步正确认识自己的兴趣、职业意向、职业潜能和职业素养等,使其尽早明确职业发展目标和方向,从而及时调整专业知识结构,弥补实践技能的不足,进一步增强职业综合素质和就业竞争力。因此,在进行生涯管理时要从观念上消除把职业指导等同于就业安置或提高就业率的误区,充实就业指导工作内涵,转变就业指导工作思路,把就业指导的重心转向学生生涯规划指导,不断激发学生职业规划的意识,引导和帮助学生选择正确的职业生涯发展路径,以实现学生期望的自我社会价值。

3.高等院校生涯管理是对大学生的教育实践实施的全方位指导

完全意义上的高等院校生涯管理是以生涯辅导为基础的全方位指导,主要包括与学生的个人发展愿望相结合、与学校的整体教学过程相结合、与国家和市场发展对人才的需求相结合三个方面。大学生生涯管理是指培养大学生生涯规划能力的教育活动和辅导活动,通过制度建设、计划制订、教育教学活动、师资队伍建设来实现学校影响。例如,学校可以要求专业任课教师将学生生涯发展认知、生涯态度等有关内容融入教学内容中,可以要求指导教师将生涯管理有关要素融入社会实践和第二课堂活动过程中,潜移默化地培养学生的生涯规划意识和能力。

4.重视高等院校生涯管理的理论研究

近几年来,国内高等院校为了适应社会对高等教育人才培养的需要,推动高等院校毕业生就业制度改革,纷纷开始了校园生涯管理的探索。但各高等院校的职业指导工作无论是在实践层面还是在理论层面,多数是对国外一些经验的复制和套用,还没有真正从个体全面发展的角度开展大学生涯管理,还需要系统开展职业规划辅导和生涯发展管理研究,需要进行高等院校生涯管理模式、职业心理测试、就业评价体系等理论层面的探索,建立本土化的生涯发展理论体系。只有开展扎实的理论研究才能为高等院校生涯管理实践提供依据并指明方向。

### (五)树立科学的生命意识教育观

生命意识是人对自己和他人的生命存在价值的一种认知与感悟。具有良好生命意识的人,热爱生命、珍惜生命,善待自己和他人的生命,对生命及生命关系有一个良好认知,能正确认识、理解、把握自己的生命价值,形成个体完善的人格品质。高等院校生命意识教育的目的就在于使大学生树立良好的生命道德品质,使其能够正确认识和把握自我生命与人类生命同自然环境的关系,促进各种关系和谐融洽,使得自己在追求生命价值最大化的基础上生活得更有意义,更有利于个体全面和谐发展。因此,高等院校生命意识教育的核心内容应该是积极培育大学生的生命道德。

人的社会属性决定了其在正常生活中时时刻刻都要与自己、他人、社会环境发生各种各样的关系,在这些互动关系中,每一个人都承担着对自己、对他人和对社会的各种责任。在这些责任当中,个体对自己、对他人以及对人类生命的责任是最基本、最重要的,也是生命道德的基本要求。对生命的责任意识是生命道德的基本内容,生命道德是调整人与自己生命、他人生命、人类生命以及终极理想之间关系的道德。生命道德源于人对生命的关注,是人们对待生命的德行品质,是调节人们有关生命行为的特殊规范的总和。生命道德的意义在于追求生命神圣、生命质量和生命社会价值的和谐统一,生命道德是指导个人处理与自己生命、他人生命、人类生命以及精神生命之间关系的行为规范。生命道德是人的生命关系的应然,心理健康是人的关系世界的实然反映,回归到人的生活世界,两者在本质上具有统一性,都是为了追求人与自我、人与自然、人与社会以及人与精神信仰的和谐关系。这种"关系性"上的统一性,使得生命道德成了影响大学生心理健康的重要因素。积极的生命价值观能够引导大学生面对生活中的困难时摆脱消极心理状态,积极的生命道德行为有助于大学生获得积极情绪体验、社会支持和成就感,良好的生命道德品质有利于解决大学生成长中的发展问题,生命意义感能提升大学生的自我价值感和主观幸福感。因此,积极培育大学生的生命道德能够促进大学生心理健康的培育和提升。

# 第二节　创新大学生教育管理方法

　　面对当代大学生心理健康现状及其存在的心理问题,高等院校应从实际出发,探索有利于当代大学生心理健康发展的教育管理新方法。创新大学生教育方法要坚持意识形态引导与行为管理相结合、整体性推进与关注差异性相结合、理论研究与实践创新相结合。

## 一、突出生命价值取向的建构

　　生命价值取向是一个人确立其与自我生命、他人生命以及自然界生命关系的基础,这些关系直接影响着人的性格特征的形成、人际关系的构建以及价值观的确立等,是个体意识形态中对其心理活动和行为表现具有根本影响作用的因素。因此,高等院校在大学生教育管理中更应突出对大学生生命价值取向的构建,从而促进大学生心理健康的发展。

### (一)培养正确的生命意识

　　部分大学生之所以对来自自身的影响因素敏感性不高,主要是因为他们获得了家庭和社会过多的关注和关爱,个体缺乏对生命关系和生命价值的真正思考,缺少来自内部的自觉意识。生命意识是人对生命存在和生命价值的认知与感悟,是人在对生命存在的认识和理解的基础上,通过实践活动追求生命关系和谐、生命社会价值延续的自觉意识。大学生具备正确的生命意识,更有利于清晰定位人生目标,明确生涯发展目标,进而在实现生命社会价值的过程中,实现自身全面发展。因此,高等院校要强化大学生的生命意识教育,培养他们正确的生命意识,具体应从四个方面把握。

　　第一,引导大学生树立珍惜一切生命的意识。

　　生命是宝贵的,是个体存在的基础和条件,个体生命的存在也是人类创造和实现一切的先决条件,因此,生命意识教育的基础在于关爱、珍惜生命的教育。在现实性上,它是一切社会关系的总和。珍爱生命不仅是个体生存的需要与权利,更是一种责任与基本法则,珍爱生命就是不仅要珍惜自我生命,更要关爱他人生命。无视他人生命的人也不可能对自己生命的存在和价值有正确的理解,更不可能有崇高的人格品质。珍爱生命的教育,应当是自我与他人、权利与责任相统一的教育。"出入相友,守望相助,疾病相扶持,则百姓亲睦。"这既是我们中国人追求的道德理想,也是建设社会主义和谐社会的目标之一。人与人之间只有互相关爱、互相尊重,才能真正尊重和珍惜生命,才能真正尊重他人选择生存方式的自由。教育学生珍爱生命,就是要教会学生认识生命的珍贵,珍惜自我和他人生命的存在,就是要培养学生的生命责任感和对生命的感恩之情,学会关爱、学会宽容、学会共同生活,懂得用爱心去回报关爱。

第二,培养大学生对生命的责任意识。

人的社会性本质决定了人在正常生活中,必须与自己、他人、社会发生各种关系,任何人都必须向自己、他人和社会承担起自己在社会中的责任。其中,对自己、他人及他人生命的责任是最基本、最重要的,这也是道德的基本要求。对生命的责任意识是生命道德的基本内容,也是一个人社会责任意识的基础和根本。大学生生命道德中责任意识缺失现象是受到多方面因素影响而形成的,形成此现象最重要的两方面原因:一是学校教育的失误和缺失。大学生生命道德教育一直受到传统道德教育思维方式的影响,内容过于理想化,目标脱离个人的需要和利益,其教育过程互动不够,形式化明显,没有形成完整体系,实效性较差。二是社会环境的消极影响。在当前社会上一些错误认识和不良影响不可避免地会对人们的思维方式、意识观念、行为活动等造成冲击,自私自利、损人利己、金钱至上等现象依然存在,以人为本、尊重生命、追求生命意义、提升生命价值的良好社会氛围有待加强。

第三,引导学生积极探索生命的意义与价值。

人的生命是有价值的,价值是人存在的基础和依据,对人生意义的追求、对生命社会价值的追求是生命价值的最高体现。生命教育应该引导大学生从外在化、功利化、世俗化的目的中解放出来,积极探索生命的意义,努力提升生命价值。生命的意义不仅指个体生命的意义,也指人对人类在宇宙中位置的思考,以及对人类"类生命"本质的思索,三者是统一的。因此,探索生命意义、提升生命价值的教育应包括以下三方面。一是创造生命价值的教育。人的生命就是意义生命,人是一种价值实体。意义不是客观存在的,它是经过人主观努力创造的。二是体验生命价值教育。大学生注重自我实现,应积极引导学生认识到自我实现是一个过程,一些微小的进步未必会给权力、金钱、地位等外在价值带来决定性的改变,但都会给个体带来生命的高峰体验,从而使个体对生命价值的认知发生良好转变,对生命的价值和意义有所领悟。三是引导学生把生命的个体价值与社会价值统一起来,体现生命价值的最高形式。人是一切社会关系的总和,是地球村的一员,将大学生的生命视野引向整个社会、整个人类和宇宙,将生命个体与社会、与他人、与自然结合起来,才是生命价值的最高体现。

第四,引导学生建立科学合理的生涯发展目标。

生命的意义体现在为自己明确的人生目标不懈奋斗的过程中,那些生活态度积极、获得较大价值感和成就感的大学生,是有明确的目标并不断向目标迈进的人。生命意识教育内容之一,就是引导学生确立一个正确的人生目标,并鼓励他们为之努力奋斗,在有价值感的活动中体验生命的意义,实现生命的价值。大学生的人生目标既与社会需求相统一,也与个人兴趣、爱好和追求相一致;既有长远、持久的目标,也有短期的实施计划;既包括人生规划,也包括人格完善,是一个身心和谐、持续发展、志存高远的目标。

## (二)创新生命道德教育

高等院校生命道德教育在传统道德教育思维方式的长期影响下,教育内容过于理想化、抽象化,教育目标脱离个人客观实际需要和利益,教育过程呆板僵化,互动不够,没有形成完整体系,实效性较差。创新大学生生命道德培养路径应注意把握三个方面内容。

第一，加强对"个体"的关注。

生命道德教育是重视个体本身的道德教育，需要构建整体性德育体系并调动学生的主体意识和个体意识。传统的道德教育注重弘扬社会或集体的利益，"忘我""无私"的思想受到推崇，其中"忘我"的道德教育更多考虑的是"他人"，对个体道德的自主性、生命价值的尊严、自我利益的正当性等没有给予更多关注和应有重视。在现实世界，人不仅是一个实体，更是一种关系存在，每一个人都存在于与他人的关系之中，他人的存在是每一个人存在的条件，个人的发展只有在与他人的关系中才能实现。每个人为了自己，必然要做一些有利于利益相关者的事情，这些人当然是在自己所属群体中生活的人，包括自己的家人、同学、同事等。此时个人的"私"实际上已经不是单纯的"自私"，作为个体的"我"也不再是狭义的"小我"，而是广义的包含其他人利益的"大我"，这种"大我"与单纯的"小我"直接相关，而不是割裂的、空洞的、排异的。因此，高等院校开展生命道德培育不能只注重为他人、为人类奉献的教育，更应该关注"个体"，个体生命价值、利益在生命道德教育中应同样受到重视。

第二，开展生命叙事活动。

所谓生命叙事活动就是指表达自己生命故事的活动。生命故事是指个体在生命存在与成长过程中逐渐形成的对生命的感受、经验、体验和追求，它既包括个体自己的生命经历、生活经验、生命追求，也包括个体对他人生命存在的感受、经验、体验和追求的感悟。生命叙事过程会直接触及个体或个体对他人生命的生活经历、情绪感受、情感表达、生命经验等的认知，并再现这些生命经验，触发生命体验，感悟生命意义，进而有助于大学生对自己生命情绪、情感认知的调节，有助于大学生生命责任感的形成，也有助于大学生正确处理与自己生命的关系。生命故事本身凝结着个人对自己、对他人人生重要经历的理解和经验，而生命叙事过程就是将其再次间接呈现出来。在他人讲述的过程中自己不仅会获得对生命道德关系的新感悟，也会产生一种内在的对自己和他人生命价值与意义的责任感。大学生讲述自己生命故事的过程也是自己对事物、对他人、对自己再认识的过程,从而引领自己生命成长的方向。

第三,加强生态道德教育。

自然环境是各类生命赖以生存的基础,珍惜生态、保护环境是人类发展和进步的需要,高等院校应从三个方面加强大学生生态道德教育。一是要树立崇尚自然、热爱生态的道德情操。随着人们物质生活水平不断提升,原生态的自然美已逐步成为人们的审美追求和社会时尚,回归自然、返璞归真是当前人们价值追求的新特点。因此,高等院校应该以此为契机把大学生的审美情趣引导到尊重自然、珍惜生态、保护环境等方面来,并使之形成一种校园氛围、校园时尚,内化为大学精神的核心内容,带动每个大学生都养成一种符合生态文明要求的高尚情操。二是要唤起大学生关爱生命、善待生命的道德良知。高等院校应该从自然生态伦理视角出发,引导大学生正确认识自然界一切生命存在的客观必然性,在维持人类一定生存质量的同时敬畏生命,自觉保护身边生命体的基本生存权,维护自然生物链条的完整与和谐。三是要培育大学生崇尚勤俭节约的传统美德。每一位大学生都应以节俭和适度消费为荣,树立这一美德对于社会经济发展和生态环境保护都有着重要的现实意义。

## 二、凸显大爱精神对校园文化的引领

高等院校大爱精神是高等院校广大师生在生活中表现出来的对自己、对他人、对国家和民族前途与命运的自觉关注、高度负责和无私奉献的精神,是高等院校文化的核心、本质内涵,是指导高等院校各种办学活动的核心精神,是大学生成长的动力和发展的精神源泉,是大学生感受人间大爱,获得社会支持的巨大财富,是大学生培养积极人格品质的最好资源。

### (一)在课堂教学中培养大爱精神

课堂是高等院校践行大爱精神的主要阵地之一,在课堂教学中,教师不仅要重视科学文化知识的传授,更要把爱国家、爱民族、爱他人、爱自己、无私奉献、勇于担当的精神和意识融入课堂教学全过程,把大爱精神的精髓与教师的人格魅力和科学知识的吸引力有机结合,潜移默化地影响学生,让每一个学生真正认同大爱的精髓,领会大爱的真谛。

## (二)在学术活动中培养大爱精神

学术活动是更高层次的实践活动。在大学校园,科学研究工作有着自己特殊的规律,求真、务实、创新是开展科学研究活动的基本要求。在科学研究中形成的追求真理、宽广包容的精神就属于尊重真理、热爱科学的大爱精神,这种大爱精神会深深感染那些参与科研学术活动的人,潜移默化地培育着每一个参与者的大爱意识。因此,在学术活动中培育大爱精神,是要遵循科学研究发展的规律,崇尚严谨、求真、务实、创新的学术精神,要关爱从事科学研究活动的群体,为从事科学研究活动的人创造宽广、包容的学术环境。在科学研究工作中展现出来的追求真理、宽广包容的精神既是爱真理、爱科学、爱师生的高等院校大爱精神在学术研究中的体现,也是高等院校学术创新活动得以顺利开展的要素,对培养大学生创新能力和创新精神有重要作用。

## (三)将大爱精神融入制度文化建设

高等院校应把大爱的理念融入校园制度建设之中,积极推动“人性化”的管理模式,通过引导师生广泛参与民主管理来推进学校管理科学化。将大爱精神融入校园制度文化建设中,把大爱精神与校园各项规章制度有机结合起来,使制度中饱含着学校对教师和学生的关爱与尊重;通过制度的人性化功能调节人与人之间的利益,规范每个人的行为;通过制度强化学生自我教育、自我管理的意识,促使师生主动将个人成就、切身利益与学校的发展紧密联系在一起,形成师生与学校互信互爱的氛围。

## (四)将大爱精神融入高等院校教师行为文化建设

当前,高等院校行为文化建设的重点应该放在规范教师的行为上来,切实开展师德师风建设。高等院校要积极引导广大教师做党和人民满意的、放心的合格教师,做有社会主义理想信念、高尚道德情操、扎实学识和仁爱之心的好教师,要进一步加强和改进教师的思想道德建设,培养和造就一支思想品德高尚、业务技术精湛、充满生机活力的高素质教师队伍，这对高等院校师资队伍建设提出了新的更高要求。因此，高等院校应着力塑造教师严谨、努力、乐于奉献的行为品质，让大爱精神体现在每一位高等院校教师的举手投足之间，使每一位教师都能成为为人师表的榜样，成为学生敬佩的对象，默默地感染和熏陶着自己的学生，给他们的思想和行为带来积极影响。

### （五）将大爱精神融入高等院校环境文化建设

高品位的环境文化不但能够加深广大师生对人生美好事物的感悟，对环境中"美"和"爱"的理解与认同，而且有助于促进大爱精神在校园的传承与发展。因此，高等院校在进行校园硬件建设时，要将大爱的元素和自身办学特色体现其中，用校园环境特有的感染力激发师生的爱校热情，陶冶师生爱自然、爱学校、爱他人、爱科学的良好情操。例如，有的高等院校在图书馆内饰设计上，刻凿有隐喻科技发展促进人类进步的浅浮雕；有的高等院校将大门设计成仿古风格，不仅表现出了浓郁的民族特色，还完美地继承了民族的、学校的良好历史文化传统。这些都是校园建设中融入大爱精神元素的生动体现。

## 三、注重理论研究对教育管理创新的推动

针对大学生心理问题现状，高等院校应重点开展积极心理教育研究和生涯管理理论研究工作，促进高等院校心理教育和生涯管理工作水平的进一步提升。

### （一）开展积极心理教育研究

近年来，我国部分学者将积极心理学理论扩展、整合至高等院校思想政治教育、心理健康教育等实践性较强的领域中，开拓了高等院校积极心理教育的理论研究和实践探索。例如，有学者探讨了积极心理学在大学生思想政治教育中的整合、借鉴与应用；有学者分析了积极心理学与高等院校心理健康教育相结合的必要性，提出了两者相结合的具体设想与方法。

然而,当前高等院校积极心理教育在针对大学生心理问题的理论研究和实践探索方面都比较薄弱,还有许多待进一步完善和解决的问题以及需要探索和弥补的空缺。一是高等教育领域尚未形成一套成熟的、可以指导高等院校积极心理教育的理论体系,高等院校关于积极心理教育还没有建立一套行之有效的操作模式,对于积极心理教育的研究方法和研究技术亟待整合与发展,研究的内容和领域有待拓展和深化;二是建立在中国文化背景下的本土化研究还有待加强。因此,我国高等院校积极心理教育研究任重道远。建立完整有效的理论框架,拓宽研究领域,创立和发展新的研究技术,与传统心理教育协调发展以及积极心理教育在高等教育领域的本土化研究等都将是高等院校积极心理教育研究面临的紧迫任务。

## (二)加快大学生生涯理论和生涯辅导技术本土化创新

目前我国开展大学生生涯辅导主要依据国外生涯发展理论和生涯辅导技术,国外的生涯辅导理论和辅导技术为我国高等院校开展生涯辅导工作提供了有益的启示。然而,如何将国外的理论和技术更好地应用于中国高等院校的生涯管理,并在其基础之上研究开发中国本土化的生涯管理发展和技术,是高等院校生涯发展理论和技术应用研究的重要内容。

应用国外理论时要实现中外价值取向的有机结合。由于受到历史、传统文化等因素的影响,中外价值取向的差异深深地影响着人们的思维方式和心理行为。从价值取向来看,一些国家个人的价值和意义被放在首要位置,即个人主义倾向占主导地位,而在中国传统文化里,集体的价值和意义被放在首要位置,提倡个人服从于集体,集体主义始终是价值观念的核心。在高等院校生涯管理工作中一味强调集体和整体,忽视个体的成长发展需要,忽视个体个性的适度发展,就会压制学生的主动性和创新意识,高等院校生涯管理的实际效果将大打折扣。但是完全引进国外的理论体系,就会造成水土不服,引发学生价值观混乱,使这些理论难以在实际中得到应用和发挥,背离人才培养的目标和方向。因此,在国外生涯发展理论和技术的应用中实现中外价值取向的有机结合,是当前生涯发展理论和技术本土化研究的主要方向。

开发本土化大学生职业生涯测评系统。科学、客观的自我评估是实施有效职业生涯规划的前提和基础,本土化的专业职业测评更适合中国人的文化和心理特点,有利于大学生更加科学、客观地认识自己。开发本土化、专业化的职业测评系统主要有两项工作:一是要培训和配备专业的人员,以保证测评过程的规范性和结果分析的科学性;二是开发科学的、完善的测评工具,保证测评结果的真实性和可信度。本土化职业生涯测评工具的开发是本土化大学生职业生涯测评系统建设的重点和难点,需要结合我国大学生自身心理特点和我国社会职业环境特征,同时注重将实践性、专业性和经济性相结合。

# 第三节　拓展大学生教育管理途径

面对大学生心理健康发展的需求,高等院校应该进一步拓展大学生教育管理途径,从培养大学生积极心理品质、培养大学生生涯规划能力以及构建来自家庭和同龄人的人际支持机制等方面,为大学生心理健康发展创造良好条件。

## 一、开展积极心理教育

当前我国多数高等院校心理教育的重点放在了普及心理健康知识、解决学生心理问题和预防学生心理危机发生方面,心理辅导和咨询工作也把消除部分学生的心理障碍和预防学生心理问题发生提升到主要地位,忽视了心理教育开发人的潜能和培养个体积极心理品质的重要任务,关注的对象仅是少数有心理问题的人。高等院校应该大力开展积极心理教育,促进大学生积极心理品质的培养和潜能的开发。

### (一)构建积极心理教育课程体系

高等院校心理教育课程应以积极心理学为指导,在课程目标、课程内容、教学方法、教学效果评价等方面进行改革。

课程目标应突出个体发展性。心理教育课程目标应由重点解决部分学生面临的问题,走向关注全体学生积极人格的发展。根据积极心理学理论,心理教育的对象是全体学生,课程目标设定应包含心理问题预防、不良心理行为矫正和积极人格品质培育,重点是突出心理教育的发展性功能,要强调如何进一步优化学生心理品质和进一步开发学生心理潜能,培养学生的积极心理品质、积极情绪体验、积极自我概念、创造性思维品质等,具体包括培养创造性、洞察力、积极情绪、情绪控制能力等各种智力潜能和非智力潜能。

　　课程内容应与个体发展需求相结合。当前高等院校心理教育课程内容多以大学生常见的心理问题与疾病预防为出发点,以心理问题的症状、成因以及相应的预防和调适技巧为主,具体讲授心理学基本知识、个体心理活动规律、心理问题产生的原因及应对措施等,课程学科化、知识化倾向严重,与学生的实际需求和关注点差距较大,特别是与学生心理健康发展需求相距甚远。积极心理学视野下的心理教育应紧密与学生全面自由发展的需求相结合,与学生的积极人格养成相结合,将心理学理论与生活实际相衔接,培育和开发大学生个体和群体的积极品质,最终达到促进大学生个体和群体心理优势形成和提升的目的。我国学者孟万金等人在综合考虑时间因素(过去的、现在的、未来的)、行为类型(生活的、学习的、工作的、社交的)、关系指向(对人的、对事的、对己的)的基础上,将十四项内容优先列为学校积极心理教育的核心内容,包括增进主观幸福感、提高生活满意度、开发心理潜能、发挥智能优势、改善学习力、提升自我效能感、增加沉浸体验、培养创新能力、优化情绪智力、健全和谐关系、学会积极应对、充满乐观希望、树立自尊自信、完善积极人格。

　　教学方法应多样化。积极心理学非常重视体验在教育中的作用,认为积极人格形成的最佳途径就是让受教育者在教育和生活中体验积极的情绪情感、认知感悟等。因此,高等院校心理教育课程中要增加各种体验环节,引领学生体验过去的、现在的积极情绪情感和认知感悟等,领悟未来的美好设计和憧憬,通过体验与领悟过程培养和提升学生内在的积极力量,激发学生的积极性和创造性,进而促进学生积极人格特质的形成和发展。高等院校心理教育课程应注重理论与实际相联系,强调集知识、体验和训练为一体的教学方法,在教学中要注重将知识讲授、行为训练、心理体验等过程有机结合,根据教学内容灵活采用知识讲授、团体训练、案例分析、生命叙事、心理情景剧、团体辅导等教学形式,丰富学生内心体验,让学生在体验中学习、感悟,使其掌握心理调适与激发潜能的技能。除课堂教学外,高等院校还应该将心理教育拓展到日常生活中,生活中对积极事件的体验与感悟,更能增加学生的积极情感认知和沉浸体验效果,更有利于学生积极心理品质的形成与发展。

教学效果评价应多元化。人的心理品质是一个内隐的、抽象的、个性的概念,无法用具体标准来衡量。同样,心理教育课程的教学效果也具有内隐性、抽象性、个别性特征,很难用一个具体的、统一的评估体系进行效果评价。因此,积极心理教育课程效果评价应坚持注重发展性和过程性,采用多元、动态的评估方式。评估内容要包括基本知识理解掌握情况、学生积极心理品质形成和发展情况以及实际解决问题的能力提升情况。教学效果评价要突出强调课程效果对受教育者整体性发展的促进情况,重视评价的动态性、情境性,最终实现通过评价能够全面、客观地反映学生积极心理品质提升情况和心理潜能开发或激发情况等。

## (二)开展发展性心理辅导

考虑到大学生心理健康发展需求和影响因素,高等院校的心理辅导也应该改变目前以障碍性心理辅导和适应性心理辅导为主的模式,重点开展发展性心理辅导。发展性心理辅导是指根据个体心理发展的一般规律和特点,结合个体的个性心理特征,帮助和支持个体尽可能圆满完成自己的心理成长历程,使个体能更好地认识自我、接纳自我、调节自我,形成积极人格品质,开发自身潜能。发展性心理辅导的主要任务是对个体的自我意识、情绪调适、意志品质、人际交往与沟通以及群体协作技能进行辅导,培养良好个性心理品质,提升社会适应能力。

在大学生个体的成长发展过程中,积极人格特质的形成与发展主要是通过内部和外部因素对其所具有的各种现实能力和潜在能力的激发和强化来实现的。当大学生本身具有的某种现实能力或潜在能力在学习和生活过程中不断被激发和强化，逐渐成为一种日常行为习惯时，由这些能力和潜能构成的积极人格特质也就形成了或者得到了发展。因此，高等院校心理辅导应在积极人格理论的引导下，结合每个被辅导学生的实际情况，激发和强化学生的某些现实能力和潜在能力，或者帮助和支持学生自我激发和强化某些现实能力和潜在能力，达到促进其某些积极心理品质形成和发展的目的。在心理辅导中引导学生获得积极情绪和情感体验是帮助和支持学生自我激发和强化的主要途径。

## 二、加强高等院校生涯管理工作

大学生心理健康与大学生生涯规划能力有着密切关系，二者互相影响、互相促进。高等院校生涯管理工作还须进一步加强，大学生的生涯规划能力还有待进一步提升。面对大学生心理健康发展的需要，高等院校生涯管理工作不仅要确立正确的工作指导思想和原则，还要创新和拓展生涯管理的途径。

### （一）确立正确的工作指导思想

纵观当代社会人力资源需求趋向，高等院校生涯管理的实质就是对学生能力的培养和训练，主要任务和核心目标是培养和提升大学生的生涯规划能力。强化高等院校生涯管理工作，要积极吸取中国传统文化精髓，充分体现马克思主义关于人的全面发展的观点，树立全程化、全方位开展生涯管理的思想。因此，构建高等院校生涯管理体系要坚持四个原则。

坚持将学习借鉴国外先进理念与我国传统文化中的朴素思想相结合的原则。国外生涯发展理论引入我国多年，学者们在本土化研究方面确实取得了一些成绩，但是面对当前大学生就业的复杂形势，用已经取得的成果解决大学生生涯发展问题的效果不尽如人意，如何建立中国的生涯管理教育体系再次引起人们的深思。因此，只有将国外先进理念与我国传统文化中的朴素思想相结合,才能构建本土化的高等院校生涯管理理论。开展适合中国大学生的生涯管理工作,主要体现在五个方面:一是德为才之先,在生涯规划与管理上,大学生的成"人"首先体现在道德品质成人和精神信仰成人;二是在大学生个人生涯规划中要体现出人与环境和谐统一的思想;三是引导学生在生涯规划过程中坚持把个体价值的实现与社会价值的实现相结合;四是引导学生辩证看待失利,使其认识到人生不能总想试图站在最高峰,要知退让、懂权变;五是将生涯管理与世界观、人生观、价值观教育结合起来,发挥传统教育的作用。

坚持社会需要与个人发展相统一的原则。高等教育具有社会服务功能与个体发展功能,应把满足社会的需要与满足个体发展的需要有机结合起来。社会服务功能主要包括服务和服从于国家社会主义建设中经济发展的需要、民主政治建设的需要和文化发展的需要等,个体发展功能主要包括个人成长的需要、个人职业发展的需要等。高等教育具有的这些功能是客观存在的,但人们对其价值的判断则会因为客观条件和主观认识的不同而存在差异。例如,一些高等院校曾经一度将生涯管理简单理解为"辅导学生如何找一份理想工作""教育学生如何为社会服务"等,导致学校生涯管理工作功利主义思想泛滥,忽视受教育者个性化发展。我们要从过去的错误中吸取教训,在生涯管理中引导学生将个体发展与国家和社会发展需求相结合,既要关照个体个性化发展,又要发挥社会主流价值观在生涯管理中的导向作用,要避免学生过度关注当下利益。在高等院校生涯管理活动中只有把社会需要与个人发展相统一,实现组织与个人双赢,才能保证生涯教育效果。

坚持全程与阶段、全面与重点相结合的原则。高等院校生涯管理的内容十分广泛,其关注的是大学生在校期间和毕业以后个人所拥有的所有职位和角色。因此,高等院校生涯管理是贯穿大学生培养教育全过程的系统辅导体系,必须从大学生成长发展的客观规律出发,根据大学生在不同阶段的心理活动特征和生涯发展特点,制订出相应的辅导目标,开展相应的辅导工作,循序渐进地引导和帮助大学生管理和规划自己的大学生涯。在高等院校生涯管理工作中高等院校既要制定针对每个群体的全程辅导目标,又要设计他们在校期间每个阶段的目标;既要广泛开展涉及生涯发展各方面的生涯辅导,又要针对不同阶段的需要开展重点辅导。高等院校只有坚持全程与阶段、全面与重点相结合的原则开展工作才能够真正实现生涯管理目标。

坚持整体辅导与个别指导相结合的原则。大学生生涯发展既有群体共性问题,也存在个体个性差异问题。因此,高等院校生涯管理既要有针对共性问题的辅导,又要有针对群体或个体差异的分类或个别指导。在具体实施过程中,对于大学生群体普遍存在的生涯发展问题适宜整体辅导,如采取课堂讲授、专题讲座、主题班会等形式;对于大学生个体具体生涯发展问题,除进行整体辅导外,还应该重视个别指导工作,尊重个体差异。个别指导应该做到具体分析个体的个性特点,有针对性地进行研究和辅导,指导学生发展显能,开发潜能,引导学生发现自己的最佳发展领域,使每一个学生都能在这些领域得到最优发展。

## (二)拓展高等院校生涯管理实施的途径

生涯管理实施途径和工作方式过于单一是造成当前我国高等院校生涯教育成效甚微的主要原因之一。因此,高等院校需要通过建立生涯发展课程体系、建设校园文化、提供专门指导和咨询服务、开发校友资源等多种途径开展生涯教育,发挥综合作用,以达到最佳效果。

### 1.生涯发展规划指导课程

开设大学生生涯发展规划指导课程的目的是指导大学生学习生涯规划知识与技能,引导大学生明确自身未来生涯发展方向,帮助大学生设计与规划人生发展道路。当前我国大学生生涯发展规划指导课程的主要任务有五个方面。

第一,正确认识自我的教育。高等院校生涯发展规划指导课程内容主要是介绍自我探索的理论与方法,引导学生深入了解自己的能力及能力倾向、兴趣、个性特点等情况,客观分析、认知自身人生价值取向、职业价值观、生涯发展方向等。学生自我认知与学校、教师、同学等的外在评价相结合的方式,可以帮助大学生客观、全面地认识自己。学生开展生涯探索的基础来自其对自我状况和个人价值观的深入了解,因此,自我认知教育是生涯发展规划指导课程的基础内容。

第二,生涯规划意识培养和生涯规划知识教育。大学生是生涯规划的主体,生涯规划意识是他们进行生涯规划的前提,只有充分调动其内在规划需要才有可能产生自我规划的动机。因此,高等院校生涯管理的首要任务是培养大学生的生涯规划意识。生涯规划知识教育主要是让学生了解生涯规划的基本理论、知识,了解各种职业的基本特征和发展趋势,使学生掌握生涯规划内涵、特性、遵循原则和影响因素,掌握开展生涯规划的基本步骤与方法,为探索科学的生涯发展途径奠定理论基础。

第三,生涯抉择能力的培养。大学生生涯抉择能力在整个大学生生涯规划中起到承上启下的作用,是高等院校生涯发展规划指导课程关注的重要内容。在生涯发展规划指导课程中要指导学生了解生活中各种可能面临的选择,使学生面对决策情境时能收集、运用已有资料,权衡各种选择之间的利弊进行生涯抉择,包括职业类别、生涯路线、目标、行动措施等方面抉择。

第四,职业环境的认知教育及职业素质与适应力的培养。生涯发展规划指导课程要引导和帮助大学生尽可能全面、深入地了解当前的社会环境与职业世界,使其熟悉所学专业涉及职业的发展环境,尤其是未来该职业的胜任能力要求,组织发展战略以及经济、政治、文化环境等,使其在知己知彼的基础上,增强规划的针对性和有效性。生涯发展规划指导课程还要对大学生进行职业劳动素质、职业道德、身心素质等职业素质的培养,引导大学生既要志存高远又要夯实基础,具备良好的职业适应能力。

第五,培养大学生开发自身潜能的能力。开发潜能意识的教育与培训是高等院校生涯发展规划指导课程的重要内容。有心理学家指出,多数人一生只有4%的能力能发挥出来,剩余96%的能力还未开发。因此,在生涯发展规划指导课程讲授中教师要给予每个学生充分展示的机会,通过施展才能,使其认识到自身具有的巨大潜能,这种潜能会体现于各种活动中。潜能的开发对人的成功具有很大作用,一定程度上决定着生涯目标能否实现。同时,教师还要培养学生在生涯发展过程中发现并发掘个人潜能的能力,使学生能够自觉开发自身潜能。

### 2.校园文化活动

高等院校校园文化活动的内容十分广泛,高等院校通过内容丰富、形式各样的活动对大学生价值观念、道德情操、思想内涵和行为模式的形成与发展发挥着重要的影响。因此,开展丰富多彩的校园文化活动,是高等院校实施生涯辅导的重要途径。就生涯管理来看,开展校园文化活动的形式主要有班会活动、社团活动、社会实践活动等。

第一,班会活动。班会活动是大学校园文化活动的基本方式,也是大学生自我教育的重要阵地,它不仅具有教育功能,还具有娱乐等功能。班会活动是大学生创新活动的乐园,主要包括模拟表演、分组竞赛、相互咨询、专题报告、节日纪念、现场体验、经验交流、专题辩论、实话实说、总结归纳等形式,它能够吸引广大学生积极参与,调动学生的积极性,激发学生的创新性。例如,体验式情境培训已经成为班级生涯指导的一种创新形式,受到大学生的欢迎。体验式情境培训是近年来一些高等院校主题班会开展生涯指导的创新形式,是大学生通过设计职业生涯活动模型和模拟职业活动获得新的知识、工作技能、工作态度的方法。教育心理学相关研究表明,学生经历体验式情境培训后对知识的掌握程度要远远超过参与传统意义上的教学活动后对知识的掌握程度。体验式情境培训包括情景活动、角色扮演等,让学生能通过亲身体验在较短时间内获得最多的经验。

第二,社团活动。学生社团是自发的有特定活动内容的学生组织,它们自我管理、自我服务,受学校团组织的统一监管。高等院校社团活动是参与人数最多、活动范围最广、内容最丰富的学生校园活动,有效地活跃了大学生活,深受广大学生的青睐,已成为大学生展示自己才华的重要载体和宣传校园文化的主力军。高等院校应将生涯辅导的有关因素有机融入学生社团活动,通过营造生涯发展氛围,发挥社团活动在大学生生涯教育中的载体作用。社团活动对大学生的全面发展有多方面的意义,综合来看主要有三点:其一,学生可在社团学到人际关系技巧与领导技巧,并能够有机会展露自己的才能,这些有助于其日后的职业生涯发展;其二,参与各种活动与人际交往有助于学生了解自己、确立志向、实现自我发展;其三,参与各种有趣的活动可使学生得到情绪的释放与满足。通过社团活动这种无压力的形式来进行生涯教育,无疑会让学生感觉更为从容自如。研究表明,参与社团投入越多、贡献越大者,其学习和成长收获越丰厚。因此,高等院校应鼓励大学生积极参加学生社团,以提升自身发展能力。

第三,社会实践活动。参与社会实践活动有利于培养和提高大学生实践能力和职业技能。大学生在社会实践活动中既磨炼了意志,锻炼了能力,了解了社会,又能对所学专业应用前景以及与理想职业匹配情况有一个感性认识,促进与理想职业需求相符的能力结构、知识结构的构建。在参与社会实践活动过程中,大学生既可以体验和感悟职业岗位需求变化对职业能力的影响,根据变化适时调整职业生涯发展计划和职业生涯目标,还能够了解当下人才市场对基本职业能力和基本职业素质的要求,明确努力方向,增强行业关注度和敏感度。因此,要充分利用各种资源搭建实践锻炼平台,为大学生创造更多接触社会、了解社会、锻炼能力的机会,如开展大学生志愿者活动、"三下乡"活动、社区咨询服务活动等有明确目标的社会服务性实践活动。

### 3. 开展生涯规划咨询

高等院校生涯规划咨询是高等院校为了满足大学生生涯发展需要组织开展的一种由专业人员参与的咨询指导服务,目的是帮助学生提高自我认知能力和自主能力,指导学生求职,帮助学生做出生涯决策,最终促进学生的职业成功与生涯发展。

第一,建立咨询室,开通咨询热线。建立生涯规划咨询室,开通生涯规划咨询热线,为学生提供生涯规划辅导服务是高等院校生涯管理的工作形式之一。高等院校的生涯规划咨询应包含生涯发展咨询和心理咨询,由经验丰富的专业咨询人员从事这项工作。生涯发展咨询以发展心理学、成功心理学、人力资源管理学为理论基础,开展生涯发展与规划的咨询服务。生涯发展咨询的形式主要有面对面个别咨询、团体咨询和电话咨询。

第二,建立生涯资料袋。通过为学生建立生涯资料袋,为其生涯规划和发展提供帮助与指导,是高等院校生涯管理工作的基本任务之一。主要是利用人格测验、能力测验、职业兴趣测验等专业测量工具定期为大学生开展测量服务,帮助大学生进一步了解自己的职业兴趣、能力倾向、个性特征、社会态度等个性特点,并整理这些信息资料,建立个人生涯资料袋,为将来学生了解自己和教师研究指导学生做参考。高等院校一般在大一和大三分两次定期开展专业心理测试,第一次心理测试是为了了解学生基本状况,第二次心理测试是为学生职业选择提供参考。学生在校期间,其生涯资料袋应不断丰富,高等院校应将学生参与职业辅导、参加职业活动以及能够反映个体职业心理发展特征的资料均保留下来,为将来帮助学生进行职业选择提供依据。

4. 开发校友资源

校友是学校的一笔宝贵财富,他们不仅传承着学校的历史文化,更有着丰富的社会阅历、生涯发展经验和优秀的社会资源。邀请事业、学业有成的校友与学生交流,为同学们传授经验,能够发挥其榜样和示范作用,激发学生的探索欲望和增强学生的创新意识,有利于引导学生积极主动借鉴校友的成功经验,科学合理规划职业定位,纠偏避误,扬长避短,更好地适应社会发展需求。

## 三、构建积极人际支持机制

从调查数据看,在对大学生心理健康具有重要影响作用的十个因素中,人际支持因素排在第一位,来自家庭的、普通同学的和知心朋友的信任、帮助、理解、关心等对于大学生心理健康的影响最为明显。因此,在大学生教育管理过程中积极构建来自家庭和同龄人的人际支持机制就显得非常重要。

## (一)建立促进家庭支持的沟通机制

父母的理解与支持对于大学生人际信任、乐观品质、韧性品质、主观幸福感等会有显著影响。家庭是大学生十几年以来成长生活的地方,大学生与家庭成员有着深厚的感情和不可替代的信任感,大学生无论是经济上还是心理上都与家庭保持着密切联系,在大学生心理健康发展中家庭应该发挥其必不可少的作用。因此,高等院校积极促进家庭成员对大学生的理解和支持,也是大学生心理健康教育不可或缺的重要举措。

通过适当的方式让家庭成员了解学校和学生。在信息技术发达的今天,距离已经不再成为沟通的障碍,学校可以通过学院网站专栏、QQ群、微信等渠道,与学生家庭建立联系,定期把学生所在学院或专业的教学、科研、学生工作等进展情况,学生积极参与上述工作取得成绩情况以及学科发展情况、专业的社会需求情况传递给学生家庭,让家庭成员了解学生的学习生活状况,了解学生未来职业发展情况以及学生将会面临的各种挑战等,增强家庭成员对大学校园生活和学生未来发展的全面了解,促进家庭成员对学生的理解、关怀与支持。

定期开展不同形式的家长论坛。大学生来自五湖四海,学生家长的受教育程度、生活经历、认识问题的角度、对子女教养方式等都存在着很大差别,他们对高等教育的认识和了解程度差异很大,对大学生的成长与发展的关注程度和层次差异也很大,面对这样一种现状,学校与家庭之间如果只有单向的信息交流,收效不会显著。学校还必须通过多种途径和多种形式与学生家庭成员进行交流互动,一方面调动家庭成员关注学校教育、关注学生成长的主动性;另一方面,深入了解学生与家庭成员的沟通联系状况,引导家庭成员给予大学生更多的理解、支持和帮助。具体途径和方式包括举行网上视频会议、召开年度部分家长见面会、利用寒暑假进行家庭走访等。

开展针对家长的专项教育咨询服务。由于不同学生家庭成员的整体素质水平不同、经历不同、家庭情况不同,学生与家庭成员的沟通情况也不尽相同，因此得到家庭成员的理解、支持和帮助的程度也会不同。学生遇到问题可以到学校的专门咨询机构来寻求帮助，但是，单向解决问题的效果会大打折扣。因此，学校要开展家长专项咨询服务，由专门的工作人员或学生任课教师参与服务，为那些与学生交流出现问题的家长提供帮助，帮助其与学生重建较好的沟通，实现互相理解，使学生能够感受到来自家庭的温暖。

## (二)引导大学生群体开展互助活动

大学生群体年龄相仿、生理与心理发展特征相近，在学校朝夕相处，相互之间沟通和帮助更为便利，也更容易相互接受和理解。因此，引导学生开展互助活动，有利于大学生获得人际支持，增强自信心，促进自我接纳。同学之间的互助主要包括学习与生活方面的互助和心理互助。

指导学生组织开展面向广大学生的志愿服务。目前，高等院校学生群体中的学生组织(这里指正式组织)主要有党组织、团组织、学生会、班委会以及各种社团，这些学生组织在配合学校管理、丰富校园文化生活以及开展社会志愿服务方面发挥着积极作用。但是这些志愿服务的内容主要是对社会弱势群体的帮困活动，针对校内同学开展的志愿服务活动普遍较少。因此，学校应该积极引导校内的学生组织在同学之间开展志愿服务活动，同学之间的志愿服务活动有别于针对社会开展的志愿服务活动，表现为一种群体内的互助，主要包括四个方面：一是在生活适应方面的帮助，主要表现为对各种生活不适应同学的帮助；二是在学习方面的帮助，主要表现为对那些专业学习确实有困难学生的帮助；三是家庭生活方面的帮助，主要表现为对家庭有后顾之忧或者经济困难学生的帮助；四是职业发展方面的帮助，主要表现为对那些自我规划能力不足、择业与就业困难学生的帮助。

组织开展学生心理互助活动。学校主要可以通过"隐蔽式"心理互助和朋辈心理互助的方式开展心理互助活动。"隐蔽式"的心理互助活动主要是通过学生之间匿名沟通的方式，告诉别人自己在心理上存在的某些障碍，以获得大家共同帮助的方式。"隐蔽式"的心理互助活动可通过如下步骤来实现:第一步,学生以匿名的方式写下自己心理上的困惑和烦恼,由年级或者是班级几位同学进行收集和整理,这种方式可以消除学生对隐私泄露的担忧和顾虑;第二步,将收集整理的咨询信件以随机的方式发给每一位参与者,这样每位参与者都可以收到一封他人的咨询信,根据咨询信上的困惑写下建议;第三步,将同学们写好建议之后的信根据每位同学对应的代号反馈给每一位同学;第四步,对反馈回来的各种建议进行归纳总结,提炼出比较典型的案例,然后组织小组讨论这些案例,以提高每位参与者对这些问题的认识。朋辈心理互助是指同龄人之间进行的心理辅导。具体做法是:学校面向学生群体招募朋辈辅导员,学生自愿报名参加,对招募进来的符合基本要求的志愿者进行系统专业的培训,经考核合格后,这些志愿者根据自己掌握的专业知识为需要帮助的学生提供一些专业性的建议或指导,使受助者开阔思维、缓解压力,摆脱心理困境。

# 第四节　提升高等院校教育管理主体素质

在大学生教育管理过程中教育管理主体主要体现为高等院校辅导员和高等院校任课教师,两者是教育主体中与大学生关系最密切、影响力最大的两个群体。调查结果显示,教育管理主体素质和人格魅力都是影响大学生心理健康的重要因素。

## 一、提升教育管理主体队伍整体素质

一名优秀的教育管理工作者不仅是学生思想上的领航者、学习上的导师、品德行为上的典范者,更应是学生生活中可信赖的知心朋友。因此,教育管理主体队伍的整体素质对大学生的成长发展有着极其重要的影响。就大学生来讲,高等院校要重点培养教育管理主体良好的道德品质和性格特征、强烈的责任感和敬业精神、较强的业务理论水平和较强的沟通协调能力。

## (一)建立准入机制

高等院校要摒弃将辅导员工作视作一般行政管理工作和教育管理工作者选拔唯学历论的错误观念,建立教育管理主体职业准入机制和退出机制,设立科学规范的甄选制度,严把人员入口关;严格遵循《普通高等院校辅导员队伍建设规定》提出的标准,真正地把那些政治信仰坚定、热爱学生工作、人格魅力突出、责任感强的教育者选聘为辅导员。教育管理主体的选拔过程中要加强考察环节的工作,要通过走访了解、查阅档案、心理测试等方式,重点加强对备选对象政治觉悟、道德品质、性格特征的考察,要建立试用期,在实际工作中进行考察,严把教育管理主体的准入关。

## (二)创新教育管理主体工作评价机制

一方面,要将"单一评价"转变为"多元评价"。目前,高等院校普遍建立了教育管理主体年度考核办法和考核指标体系,每年度考核一次,主要由学校负责学生工作的职能部门根据指标体系进行量化评价,评价主体相对单一。这种评价方式不能满足教育管理主体个性发展需要,不能带来很好的激励效果,应该实施更加多元化的评价,将广大学生、任课教师、家长代表的意见引入教育管理主体工作评价中来,拓展评价主体,通过多方参与,使对教育管理主体的综合评价更加客观。另一方面,要将"目标型评价"转变为"形成型评价"。高等院校要改变传统的"年底考核一锤定音"的方式,要为每个教育管理主体建立素质能力成长评价档案,记录教育管理主体在工作中的点点滴滴以及在素质和能力培养中存在的问题,督促其及时加以改进。

## (三)给予教育管理主体人文关怀

高等院校要加强对教育管理主体的人文关怀,将人文关怀作为高等院校教育管理主体综合素质培养的"催化剂"。从"双因素"激励理论看,在日常工作中,高等院校不但要满足教育管理主体的"物质激励因素",更要满足教育管理主体的"保健激励因素"。学校管理层要进一步强化针对教育管理主体这一群体的政治关心、业务关心、发展关心和生活关心,从业务提升、职级晋升、实践锻炼和文化生活等方面给予教育管理主体关怀和支持，增强教育管理主体自身对职业角色的认同感。

## 二、提升教师人格魅力

教师人格魅力是建立良好师生关系的基础，良好的师生关系又是学生获得人际支持的重要资源。教师人格魅力是教师在教学活动中表现出来的，能够吸引学生积极参与教学活动，并对教师产生敬佩感、亲近感的一种感召力量。教师人格魅力所产生的感召力，能增强其对学生的情感吸引力，使学生心悦诚服地认同教师的观点、思想和行为，提升学生对其所教授课程或专业知识的兴趣和喜爱度，增强教育教学效果，有助于学生自信心和主观幸福感的提升。教师的人格魅力对大学生有显著影响，从促进大学生健康全面发展的视角看，高等院校应从以下四个方面引导教师树立人格魅力。

### （一）树立正确的教育理念

教师的教育理念是教师在教育教学实践和文化积淀与交流中形成的个人关于教育价值与教育方式的认知与追求，表现为一种具有相对稳定性、可持续性和指向性的教育观念体系。教育教学行为是教育理念在教育实践活动中的外在表现形式，在与学生的互动中起着激励、唤醒、鼓舞学生的作用以及促进学生的思想、行为、情感产生积极变化的作用。教师的使命不仅包括传承文化、授业解惑，更包括人格培养、明道正志。教师日常表现出来的理想信念、人生态度、价值取向、道德修养、治学方法、言行举止等对大学生世界观、人生观、价值观的形成和性格的养成都产生着潜移默化的影响，有的甚至影响大学生一生的发展。因此，高等院校教师应通过自身的高尚品德、宽广胸怀、严谨学风、真诚态度、健康心理品质、良好行为习惯等开启学生智慧，滋润学生心灵，传承社会文明，引导学生树立正确人生信念，进而对学生的道德品质和心理品质产生积极影响。

### （二）增强关心爱护学生的意识

教育活动是一种师生之间的互动活动，是通过教师与学生在思想、语言、行为等方面的互动交流,对学生思想和行为产生影响并引起变化的过程。现代意义上的师生关系是一种平等交流、相互尊重的关系,教师在教育过程中只有常怀关爱之心、尽责之志,才能真正尽到教师的责任,提升个人对学生的影响力,达到理想教育效果。课堂教学不只包括教师讲授这一个方面,它还包括引导启发和互相关爱等方面。当教师在教学中平等地对待每一个学生,尊重学生在互动中的主体地位时,学生就能感受到自己在教师心目中和教学活动中的价值和重要性,认识到自己的主体地位,进而产生参与互动的热情和增强主动性。教师对学生的尊重与关爱不仅体现在每一次的教学活动中,还要延伸到教学活动之外,主动与学生分享求学经历、人生理想,鼓励学生勇敢面对挫折和挑战,在探索未知世界的过程中与学生建立情感联系。曾任清华大学校长的梅贻琦这样描述师生关系:"学校犹水也,师生犹鱼也,其行动犹游泳也,大鱼前导,小鱼尾随,是从游也。从游既久,其濡染观摩之效,自不求而至,不为而成。"

## (三)提升个人学术素养

高等院校教师在职业生涯中都应该始终把自己当作知识的学习者、科学规律的探究者,将学术研究活动当作是教师职业的必修课。高等院校教师只有自己爱好学习、善于钻研、勤于探索,才能引导学生端正学习态度,养成良好的学术思维和习惯。所以,潜心学术研究,广泛涉猎学科领域知识,积极关注学科发展前沿问题,不断发表研究成果等既应是高等院校教师的学术志趣,也应是高等院校教师培养人才的必备条件。作为一名高等院校教师,只有经常从事科研实践才有可能将学科前沿成果引入课程教学,引导学生从多学科和跨学科视角分析复杂问题,引导学生掌握科学研究方法,鼓励学生质疑书本知识,开拓知识边界,激发学生的求知欲和探究欲。高等院校教师在教学中扮演着知识传授者与开发者的双重角色,在教学活动中不仅要传递书本知识,同时还要传递自己通过科学研究发现的新知识,并建立知识与当前现实问题的联系。因此,教师的学术素养间接影响了所教授课程的质量,决定了课堂教学内容的前沿性和创新程度。学识水平(或学术水平)与教学水平是教师业务能力的两翼,须两方面同时提高。教学艺术是靠这两翼齐飞而翱翔的。

## （四）掌握教育教学行为艺术

教学活动不是仅靠热情就能做好的事情，它既包含着一定科学规律，又体现着行为艺术。在教学活动中，教师只有认真研究并遵循学生的认知规律，按照学科知识特点，科学安排教学内容，合理分配教学时数，课内课外有机结合，做到理论联系实际，将专业知识传授、行为能力培养、心理素质与道德品质培育巧妙融于一体，并通过恰当的方式将教学思想向学生传递，才能做到"授之以渔"而非"授之以鱼"。教育教学行为就是师生之间思想、语言、行为沟通交流的艺术，需要教师根据学生对讲授内容的理解程度和反馈情况，灵活运用启发式、讨论式、探索式、研究式、案例式等教学方法，调动学生学习的积极性，激发学生的兴趣点和求知欲，引导学生独立思考，培养学生的创新思维能力。

# 第五节　激发大学生个体的主体自觉性

## 一、积极推进大学生的自我教育

加强自我教育是青年大学生完善自我个性的有效途径。最佳的自我教育应以社会发展的必然规律为准绳，正确地对待自我，不断地完善自我。

## （一）正确地认识自我

自知、自鉴是自励、自勉、自控的基础。古人云："人贵有自知之明。"这说明正确认识自己是相当困难的。正确认识自己的困难性，一方面在于人对自己的心理衡量常常不能像测量自己的血压、身高那样有一个客观的标准，即使借助心理测量工具，一般人也难以准确掌握自身心理状态；另一方面在于人对于认识自己往往缺乏一定的积极性和坚持性。要正确地认识自我，可以从以下三个方面入手。

第一，应当学会正确地认识社会，认识人生。自我观念是具有社会定向意义的,如果一个大学生不熟悉社会生活,不懂得社会发展的客观规律,就不能了解人生的意义,因而在评价自我的时候,就找不到合适的社会尺度,甚至会以消极的尺度去度量自我,就可能做出错误的评价。因此,大学生应当学会用马克思主义的观点去考察社会与人生,学会用历史唯物主义的观点来评价自己。

第二,要积极参加社会实践和社交活动。个人对自己的认识是借助于一定的参照系而实现的。积极参加社会实践和社交活动,有助于个人找到正确的参照系来认识自己。这方面的参照系主要有:社会上其他的人,特别是与自己的条件相类似的人;社会上其他人对自己的态度;自己活动成果的社会效应。

对自己的认识也就是对自己的反思,但其依据却源于客观现实,是大脑对各种信息进行加工的结果,这些信息只有通过交往和活动才能获得。当然,不是说参加了交往和活动,就一定能正确地认识自己,这里的关键是会不会将获得的信息进行分析、综合和比较。例如,是否善于进行各种方式的比较:既进行纵向比较——将"现实的我"与"以往的我""理想的我"做比较,也进行横向比较——和各种人做比较,既与比自己优秀的和相似的人做比较,也与比自己稍差的人做比较。这样,才能比较客观、全面地认识自我。

第三,要经常反省自己。虽然个人认识自己的信息来源之一是他人的行为态度和自己的活动成果,但个人对自己的观察与思考也是自我认识的一个重要方面。他人对自我的评价不等于自己对自我的评价,两者往往存在着相当大的差距。这里既有认识方面的原因,又有动机方面的原因,但是否勇于和善于将自己作为一个评价的对象,是一个重要的方面。因此,要正确认识自我,还必须经常自我反省,对自己做一分为二的分析,严于解剖自我,敢于批评自我。

## (二)正确地对待自我

学会正确地对待自我,包括两个方面的含义。

一方面,要具备积极健康的自我体验。积极健康的自我体验是自我教育的内在动力,无此动力就无法将"现实的我"转化为"理想的我"。

积极健康的自我体验的核心成分是自尊感,具体地讲有以下四个方面。

第一,在肯定性与否定性自我体验方面,应以肯定性自我体验为主,如比较喜欢自己,有自豪感、成功感、顺心感、愉快感等。

第二,在积极性与消极性自我体验方面,应以积极性自我体验为主,如开朗、乐观,对生活感到温暖,对未来充满憧憬。

第三,在紧张与轻松的自我体验方面,应保持适度紧张和适度轻松。

第四,在敏感性自我体验方面,应保持一定敏感度,而又不过分敏感,从而能够做到冷静地、理智地对待自己的得与失,积极地认识自己的长处与短处,并以愉快的心情接受自己的短处,发扬自己的长处,满怀希望地憧憬自己的未来。既不以虚幻的自我补偿内心的空虚,又不消极回避、漠视现实的自己,更不以哀怨、忧愁甚至厌恶来否定自己。

另一方面,要进行积极有效的自我控制。自我控制是主动定向地改造自我的过程,也是将个人对待自己的态度具体化的过程。自我控制常常是通过内部语言进行的,是主动改变"现实的我"以达到"理想的我"的过程。

这一过程是否积极有效,大致取决于三个条件。

条件一:理想自我的正确性和适宜性。当代的大学生都应该有理想、有道德、有文化、有纪律,热爱祖国和社会主义事业,具有为国家富强和人民富裕而艰苦奋斗的献身精神,都应该不断追求新知,具有实事求是、独立思考、勇于创造的科学精神。这是理想自我的正确性的标准,大学生应当在此基础上设计自我。理想自我的适宜性是指要面对现实,从实际出发,确定自己具体的奋斗目标,把远大的理想分解成一个个远近高低各不同的具体目标,从而由近到远、由低到高逐步加以实现。

条件二:对实现目标的坚持性。对自我的监督与修正,也与人改造客观世界一样,需要意志的力量作为保证条件,如对目标认识的自觉性、主动性(不是模糊的、外加的),对实现目标的决心和克服困难的能力(不是只在一帆风顺时才能坚持目标),对成功和失败的正确态度。大学生的这些心理素质处于发展之中,因此要特别注意增强自我控制的自觉性、主动性,将社会的需要转化为主观上实现"理想的我"的内在动机;增强自信心,为目标的实现做反复不断的努力;增强自制力,防止消极情绪对自我控制过程的干扰。

条件三:自尊自爱之心,这是自我控制的激励因素。大学生都应该成为对社会有用的人、有希望的人、能成功的人,周围的教师、同学、家长、集体都喜欢他、需要他、肯定他,他也需要别人,需要成功。这些会使他为成为"理想的我"而更加努力。

总之,有积极的目标作为努力的方向,有坚强的意志作为保证,有健康的情感作为激励的动力是实现有效的自我控制的前提。

### (三)完善自我的方法

大学生要提高自我教育的效果,除了以党的教育方针正确认识自我,正确对待自我,还要找到正确的完善自我的方法和途径。只有目标正确,方法对头,态度坚决,才能使自我教育获得成功。只有积极参与到人民群众的实践活动中,就从根本上坚持了实践是认识的基础这一辩证唯物主义的认识论原理,使个性修养具有正确的理论指导,从而能够按照共产主义道德的原则和规范为自我教育提供正确的途径和方法。因此,对于完善自我的方法,大学生应注意以下三点:

第一,要努力学习和掌握马克思主义理论和现代科学文化知识,积极投身于建设社会主义现代化祖国的实践中。

第二,要发扬不怕任何困难、为祖国和人民顽强奋斗的献身精神。

第三,可采用各种行之有效的自我教育的具体方法,如记日记,以名人名言作为座右铭来分析自己、激励自己、提高自己等。

## 二、采取柔性管理,提高大学生的学习积极性和主动性

### (一)学生管理中的柔性方法

基于柔性管理的理念,高等院校学生管理工作所体现的是少一些管理,多一些教育与引导的核心价值和方法论。学生管理工作以服务于人

的成长为价值取向,它是为教育服务的并发挥着教育的功能。当前,高等院校柔性管理主要从人文关怀、心理疏导、幸福观教育、榜样示范等方面进行。

### 1.人文关怀

大学是文化的圣地,对大学生的管理手段主要应该是"以文化人",即通过文化的熏陶、文化的教化等方式,引导大学生自由全面发展。人文关怀的核心是了解并回应学生的人文需要,从学生的内在需要出发做好管理工作。在实践中,学生管理主要是通过营造良好的校园文化、关心学生的学习生活、关注学生的文化体验等方式进行的。在大学校园里,培养校园文化从某种角度来说就是培养学生本身。教育管理主体对学生的关怀要体现在学生的文化需要上,如"学生需要读些什么书""学生需要听一些什么样的讲座""学生的学习场所环境如何"等,这些都是我们要关心的。在学生管理工作中体现人文关怀的主要措施包括建立学生帮扶中心、学生党团之家、"新生适应学院"等。

### 2.心理疏导

管理从一定程度上讲就是对人的心理规范和引导,从而规范和引导人的行为,以达到一定的管理目的。在高等院校的学生管理工作中,关注学生心理发展是非常重要的。目前,大学生普遍存在或多或少的心理问题,这些问题的出现主要是因为缺乏必要的心理知识、心理调节能力较差等。而高校建立校、院(系)、班三级心理防护体系是一种很好的探索,也取得了较好的效果。高等院校主要做学生情绪的疏导工作,促使其保持积极的心理状态,从而更好地投入学习与生活中。需要进行疏导的心理主要包括厌学情绪、攀比心理等。近年来,心理咨询辅导得到了大多数高等院校的重视,如在大学生中开展心理咨询、服务等,但积极心理学的运用却是不够的。心理疏导的主要价值在于培养学生积极上进的心理状态、对大学生活的认同、对自身的心理认知与认同,这些方面的主要措施有群体心理辅导、谈心谈话、组织励志演讲等。

### 3.幸福观教育

幸福问题是没有他因的,是人类的终极性问题。大学生对幸福的理解直接关系到他们的健康成长和社会和谐。当今社会文化多元化的趋势越来越明显,树立正确的幸福观尤为重要。幸福观教育主要就是树立马克思主义幸福观。马克思主义幸福观是以人的自由全面发展为目标,以人的动态与和谐幸福为核心内容的幸福观,即动态幸福观、和谐幸福观、人的自由而全面发展的幸福观。在大学生管理中,幸福观教育是起到基础性作用的,也是对大学生进行世界观、人生观、价值观教育一个很好的切入口。只有做好幸福观教育,学生才能更好地认识自我、认识幸福,从而有所追求又能很好地自我调节。当大学生感受到自己处于幸福状态时,学生管理工作是最容易推进的,也是最有效的。为推进大学生幸福观教育目前所探索的方法有幸福理论学习、幸福案例分析、幸福分享主题班会等。

### 4.榜样示范

教育与管理有着一个共同的本质就是引导人向善,但向善并不只是告诉别人善是什么或者告诉别人向善的方法,而是要通过人们的实践起到一定的社会作用,从而让越来越多的人加入其中,即"走好自己的路,让越来越多的人跟着你走"。大学生管理工作的一个重要目的就是引导学生求真、向善、向美,如何做到呢?看一个教师是否优秀,重要的是看他如何教,但更重要的是看他如何做。榜样的力量是巨大的,发挥学生管理者的模范作用,有利于学生管理的长效性。一流的教师是榜样,二流的教师是教练,三流的教师是保姆。基于这样的基本认识,作为大学的教育工作者,应该"避免做保姆,适当做教练,全力做榜样"。一方面,教师要做学生的道德典范、学习知识的典范、为人处世的典范,这是从教师作为学生的榜样的角度来说的;另一方面,教师要通过社会上的道德先进案例来引导学生,更重要的是在学生内部挖掘并树立好的榜样,使他们成为学生学习的标杆,从而凝聚学生学习的力量。

### (二)学生管理柔性化的现实意义

在现代社会,人们似乎认为管理就是以一些刚性的规则使人服从,从而实现管理者的目的。但这样的管理思维并不是十全十美的,甚至会产生较大的反弹作用。近年来,柔性管理的思想慢慢被越来越多的人研究并认同,特别是在非敌对关系的群体或组织管理中,更显出其力量。高等院校是加强和改进思想政治工作的重点领域,是否做好这方面工作,关系到国家的前途和命运。大学生是祖国的未来,是社会主义现代化建设的接班人。对他们进行管理时,高等院校要充分认识到教育与引导的重要性,以社会主义核心价值体系为指导,践行社会主义核心价值观,以柔性管理的思想为基本思路,充分尊重学生的个性,引导学生自由全面发展。高等院校学生管理柔性化对建设和谐校园、培育良好社会心态和公民道德、促进人的自由全面发展等方面具有重要的现实意义。

#### 1. 有利于推进校园的和谐稳定

刚性管理犹如作用力与反作用力,通常作用力有多大,反作用力就会有多大。大学生正处于逆反心理比较强的阶段,如果高等院校在学生管理中都通过强硬的办法去规范学生,可能短期内起到一定的效果,但终究是会反弹的。而柔性管理可以减少学生的逆反心理,一方面,用让学生认可的方式进行互动,有利于校园的和谐稳定;另一方面,校园的和谐稳定又会更进一步促进学生的理性平和的心态的形成,从而形成一种良性的循环,即以柔性管理助力校园和谐,以校园和谐推动柔性管理。

#### 2. 培养良好的社会心态和公民道德

大学生群体是或者说将是现代社会的中坚力量,这个群体是否有良好的心态直接影响着良好的社会心态的形成和整个社会的发展。道家学派创始人老子讲"上善若水",人的本质或者说社会的本质是柔性的,但这种柔性可能会由于社会管理或管制而产生负面的力量。培养学生的良好心态,要求教育管理者本身有良好的心态;同时,柔和理性的管理方法也是必需的。良好的社会心态的培养不是一天就能完成的,需要不断予以推动,只有做好每一位学生的柔性教育与管理,才能最终实现全体学生良好社会心态的培养。大学生的心态将成为社会心态的"风向标"。柔性管理还以培育学生遵守基本道德原则和规范来推动具体的管理工作,从而对大学生的公民道德的培育起到很好的推动作用。

3. 有助于人的自由全面发展

教育的最终归宿是实现人的自由全面发展,是解放人的思想和行为,而不是限制人的思想和行为。有人试图通过教育来规范和限制人的行为,但用这种方式所起到的作用是很小的,甚至可以说是毫无效果的。大学生的管理工作就是通过管理引导学生的自我管理,从而使学生丰富自身的知识、能力等,实现自身的全面发展。学生的自由、全面发展是对社会发展的巨大推动力,也是社会发展的力量之源。

# 第六节　管教结合,促进大学生个性发展

高等院校肩负着人才培养、科学研究、社会服务、文化传承创新、国际交流合作的重要使命。高等教育培养什么样的人、如何培养人以及为谁培养人的人才培养方向,事关办什么样的大学、怎样办大学的根本问题,事关党对高等院校的领导,事关中国特色社会主义事业建设,是一项重大的政治任务和战略工程。作为中国共产党领导的高等院校,要旗帜鲜明地坚持党的领导,贯彻党的教育方针,把高等教育发展方向与我国发展的现实目标和未来方向紧密联系在一起。

促进大学生个性发展是高等院校学生教育管理的基本目标和内在要求,加强对学生个性发展的培养,有利于高等院校建设和谐校园,有利于高等院校可持续发展,也有利于高等院校培养全面发展的创新型人才。高等院校学生教育管理要以生为本,关注、尊重学生的个体差异,激励学生个性发扬,促进学生个性发展,从而提升高等院校学生教育管理的效能。

人才培养、科学研究、服务社会是高等院校的神圣使命和基本职能。教育管理是高等院校培养合格人才的主要支撑环节之一,有效的教育管

理不但有利于大学生身心健康发展,而且对大学生世界观、人生观、价值观的形成具有重要影响。促进大学生的个性发展是高等院校大学生教育工作的一部分,是提升大学生综合素质的重要环节,是实现人才培养的必要途径。将个性发展教育纳入高等院校教育体系,关爱大学生,尊重大学生,有利于构建多元的大学生个性发展教育模式,有利于形成启发学生自主性、积极性的良性教育模式,对大学生个性发展的促进也是高等院校教育管理工作者对大学生尊严、价值和命运的关切。一所大学要有自己的理念,这个理念应是以促进学生个性发展和提升高等教育质量为前提的。

## 一、教育管理对大学生个性发展的"应然价值"

大学生是引人注目、具有突出时代特征的社会群体。每一个大学生都强调自己的独立性和重要性,"非主流"和"另类"也是不少大学生的追求目标,这些都影响着大学生的全面发展。高等院校教育管理为大学生个性发展提供了保障依据,个性发展离不开教育管理的支撑。因此,高等院校要不断改进教育管理,帮助大学生树立正确的世界观、人生观和价值观,实现理想,实现自我价值,促进自身的个性发展,实现个体的全面发展。

### (一)教育管理对大学生个性发展作用的历史性回顾

社会发展源于生产力的推动,生产力不但推动社会变革,而且推动教育事业的发展。韩愈说:"师者,所以传道受业解惑也。"但是传统的教育模式存在很大的弊端,如教条主义、本位理念深入某些教育者的思想。按部就班是传统教育的一大特点,传统教育虽然在特定社会发展时期对教育管理起到了一些积极推动作用,但是也阻碍了许多先进教育思想的引进。传统的教育思想多强调中庸,不注重对个性的培养,在一定程度上影响了学生的个性发展。传统的教育体制、传统的教育思想影响着高等院校的发展,这也是部分高等院校没有生命力、不能创新发展的深层次原因。改革开放以来,高等教育的发展日新月异,高等院校更加注重以学生主体性发展为中心的、开放性的教育模式。高等教育发展的历史经验证明,对大学生进行个性化教育,是提升高等教育质量的重要保障,是培养高质量、高素质人才的必由之路。在现代大学教育制度的规范下,教育管理呈现的是个性化的、主体性的、独立性的、人本化的多元管理模式。

### (二)以教育管理促进大学生个性发展的特色性

特色就是优势,特色就是实力,抓住了特色,就抓住了发展的机遇。高等院校学生教育管理就是要引导大学生个性发展,引导大学生去创造美好的理想生活。每个大学生都有自己的经历,都有自身的特色,也因此形成了大学生个体的个性特征,而大学生又希望个体的个性发展得到社会、教师和同学的认可。曾经有西方教育家认为,每个学生都想成为有个性的人,他们内心深处的这种需要和认同,可以促使大学生形成正确的思想意识、正确的人生目标。个性发展是以学生自身为中心,全面、有效地实现学生个体成长,教育、引导学生走向人生双赢的必由之路;个性发展是大学生人生良性发展的必要条件;个性发展是现今教育体系发展模式的一大特色,个性发展对大学生人生发展影响深远。世界上没有相同的两片叶子,人与人之间也是不同的,都是独一无二的,每一个人都是绝版的。个性作为大学生发展的代名词,是一代学子精神面貌的整体表现,也是反映个体具有一定倾向性的心理特征的总和。个性包括生活中的林林总总,如兴趣、世界观、人生观、价值观、动机、能力、气质、性格等,所以个性是一个非常广泛的概念。在时代发展的激流中,人既有保守、依赖、顽固、软弱等消极的个性品质,也有开拓、独立、创新、坚强等积极的个性品质。教育管理只有在尊重学生个性化特色发展的理念下,才能培养出具有创新性的、开放性的、独立性的人才,才能为创造性人才营造优良的培育土壤与发展空间。

### (三)教育管理中大学生个性的发展性

大学生是教育管理的主要对象,也是教育管理的主体。教育管理的目的就是更好地培养全面发展的学生,把培养大学生的个性作为高等教育的出发点和落脚点,充分发挥学生的主观能动性,在教育管理中激发大学生德智体美劳全面个性发展的潜质。现代教育管理中的大学生个性发展,应该充分展现大学生个体的独立意识、自我判断、社会行为、人际交往、组织技能等方面的个性心理特征,注重大学生个性心理品质在教育过程中发挥的内在动力作用,促进大学生形成自我制定目标、自我设计、自我管理、自我实践与自我评价的符合自身发展的主体结构。教育管理中应该注重评价大学生在自我学习过程中所获得的知识、技能、能力与社会适应能力;注重大学生在原有基础上的进步与学习成果;注重对大学生在自我完善的基础上,乐于与他人合作、乐于奉献、乐于参与志愿活动等精神的培养,引领大学生在教育管理中全面发展,正确并及时地缓解学业、情感、就业、人际关系、社会竞争等方面的诸多压力,提升大学生自我发展的空间。

## 二、对现行教育管理中大学生个性发展教育的反思

从当前形势来看,高等院校发展面临着许多新问题和新挑战,对于在发展过程中出现的一些薄弱环节,需要高等院校教育管理者结合时代特征,在教育管理中高度重视、认真对待。

### (一)教育管理中对大学生个性发展的重视不够

一所重视学生个性发展的高等院校,一定是能把握学生主动性、重视学生全面发展的高等院校。当前,有的高等院校在"官本化""唯书化"的教育模式影响下,存在对大学生个性发展的重视不够的现象。教育管理完全依赖传统的灌输式管理模式,开放性的教育理念还没有纳入课堂,指导管理认知与实践的水平偏低,以教师为中心的教学思想根深蒂固,在一定程度上抑制了大学生的个性发展。从专业教育管理层面上看,教师缺乏与学生之间零距离的交流,普遍存在一张考试卷决定师生关系的现象,一章节的多媒体课件拉大了师生距离,没有设疑、设计、讨论和争辩的课程教学偏多。在这种范式的教学环境下,大学生的个性只能呈现"弱化"趋势。从思想政治教育管理层面看,一些高等院校以刚性的制度、以奖励与惩罚、以综合测评等代替人的管理。在这种教育管理模式下,大学生的个性发展只能受到压抑和限制。高等院校的教育管理中对大学生个性发

展采取的做法,显性或隐性地对大学生成长成才产生直接的或者间接的负面影响。因此,教育管理者只有重视对每一位大学生的个性教育,才能真正解决教育管理中大学生个性发展弱化的问题。

## (二)教育管理中对大学生个性发展的自主性的培育力度不够

当代大学生有较强的自我意识,追求自由,但是由于自身的年龄和阅历等影响着正确辨析事物的能力,缺乏较强的自我控制力,容易混淆是非,有时不能正确把握自己的意识和行为。高等院校只有把教育管理落到实处,才能真正体现对学生个性发展的重视。当前,有的高等院校教育管理部门在转型发展中没有充分重视工作职能的转变,尤其是在履行、强化服务学生的职能过程中存在偏差,在执行相关制度与管理行为上存在普遍性的矛盾状态,例如,学生服务机构的形式化、虚设化,切实为学生提供服务和帮助的平台偏少,甚至存在以追求利润最大化为主要目标的服务范式;再如,在教育管理过程中,强制性教育、统一化教育、公式化教育等普遍盛行,缺乏重视大学生的自我管理、自我教育、自我服务的意识,导致学生主观能动性的匮乏,造成大学生自主性、独立性降低。由于大学生个性发展的自主性弱化,加之自我文明、规范、责任意识不强,大学生考试作弊、行为不文明、无节制上网、抽烟酗酒等不良行为和现象普遍存在,所以,重视对大学生个性发展自主性的培育,是教育管理的重要目标与主要任务。

## (三)教育管理与大学生个性发展的社会化存在矛盾

大学生个性发展是高等院校办学特色形成的重要影响因子。大学生的个性发展培养路径是多元化的,高等院校由于受传统教育管理理念的影响,更多的是把学生当成温室里的花朵来培育,提倡校园就是家的理念。从课程设置层面来看,绝大多数课程都是在学校课堂上进行的,很少有课程是在企业、法院、博物馆以及与专业课程相对应的社会单位进行讲授的。从教育管理层面来看,一方面受高等院校地理位置影响,许多高等院校都建设了新校区,学生从事社会活动的时间和地点受到了限制,学生只要出校门就要用车,用车就要经费,因此,学生只能在校园待着;另一方面教育管理过程过于重视学生的学业，忽略对学生的社会适应力的培养，从而导致学生足不出校园。然而，现代基础教育改革对教师教育的专业化与职业化提出了新标准与新要求，大学生的综合素养将决定其职业定向和就业趋向，社会适应力是其中起决定性作用的因素之一。而现行的教育管理模式与强化大学生个性发展的社会化之间存在许多矛盾，解决这些矛盾的关键在于转变教育管理理念，采取切实措施，着力解决课程设置与教学管理的社会化问题。

## 三、教育管理中对大学生进行个性发展教育的路径

高等院校担负着为社会发展培养大批高素质人才的光荣使命，而培养具有个性张扬和全面发展的人才是实现这一目标的重要保证。随着社会转型的深入，高等院校转型速度加快，高等院校办学规模不断扩大，已经形成了自身的教育管理模式。为实现培养目标，高等院校要确立"以人为本"的理念，以科学发展观为指导，推进教育管理的理念和体制的改革与创新。

（一）发挥制度政策的导向作用，健全个性人才培养机制

良好的创新制度能使高等院校更有活力，同时也更能提高大学生的个性思维品质，促进大学生的个性发展。教育的目的就是培养人才，良好的教育制度是实现人才培养的基础，思想政治教育要以基本道德教育为基础，深入进行品德意识、行为规范等方面教育。高等院校人才培养制度的更新不仅能改造教育者和被教育者的主观世界，也能改造客观世界。完善的政策保障能给学生提供畅所欲言的空间。高等院校以学生为本，结合历史与现实进行科学有效的配置，形成最优化制度政策体系，在宽松的教育环境下，大学生更能成为教育管理的参与者、管理制度的受益者。同时，高等院校制度政策的不断完善和更新，更能顺应大学生个性发展，也更能顺应时代潮流，形成高等院校在新时期的发展特色。

（二）发挥专业教育课程实施的主导功能，促进大学生个性发展

在课堂教育中教师要充分调动学生的主观能动性、学习积极性，丰富

课堂教学氛围。"学高为师,身正为范。"教师应注重自己的人格塑造,一个教师具有的高尚品格能对学生产生不可抗拒的人格魅力,尤其是高等院校学生教育管理者的个性对学生的影响更大。高等院校教育管理者要在严格的、规范的课堂教学中,根据课程设置,利用专业特色,引导、培养学生的个性意识,使学生形成个性特点。现代化的多媒体技术是促进学生个性发展的媒介,教师可以通过网络课堂教学,方便学生查阅资料,实现网上互动,扩大学生的知识面,提升学生的学习兴趣,变学生被动学习为主动学习、自主学习,形成自我学习、自我教育的良好局面,促进大学生自我发展意识的形成,从而促进大学生的个性发展。

### (三)依托校园活动实践载体,实现活动育人功能

大学生的精神生活是校园文化能否形成独特的价值体系的主要影响因素。科学合理地运用校园文化资源不但能丰富高等院校的大学精神,而且能促进校园环境和校园设施的更新和规划,如通过宿舍、图书馆、体育馆、电子阅览室、多媒体教室、实验室、黑板报、校刊等载体体现大学校园文化活动是大学生创新的源泉。校园文化活动在全面培养学生各方面能力的同时也提高了校园的人文氛围。促进学生个性发展还要丰富文化载体建设,培育和打造校园文化品牌,加强网络文化建设,引导和培养学生适应社会发展的个性品质。因此,要加强校园文化建设就必须继承和弘扬学校优良的文化传统,营造富有地方特色、专业模式、历史内涵、时代风格和学校特色的校园文化环境,实现高等院校在转型中促进学生个性发展的育人功能。

### (四)开展多样化的社会教育实践活动,提高大学生的社会适应能力

高等院校应该利用自身区域、地点的优势,全方位地组织大学生走出校园,融入社会,增强大学生参与社会教育实践活动的能力,培养其内敛、平衡、竞争、协调、适应等良好的心理品质,在个性发展的过程中,增强其对社会发展的认知,提升其适应社会的能力。高等院校可以通过组织社会调查、选拔青年志愿者、提供咨询服务、发展社区家政、组织家教实践、开展设计竞赛等活动,培养大学生适应社会的综合能力。高等院校应该

构建大学生社会适应能力的培养体系,把教育管理过程与大学生个性培养以及社会教育实践活动紧密结合起来,促进大学生创新意识的形成以及对大学生全面教育的动力机制的形成。

　　高等院校学生教育管理对大学生个性发展培养的支撑作用是当前高等教育的重要功能,在高等院校学生管理中促进学生个性发展是高等院校转型和发展的需要,它体现了教育以人为本的思想,体现了高等教育的人文关怀。高等院校应该充分利用转型发展的机遇,推动对大学生个性发展的培养,实现管理平台多元化体系的构建,提升教育管理水平,为社会发展培养更多、更好的创新型人才,为中华民族的伟大复兴奠定人才基础。

# 第四章　大学生的创新素质

党的二十大报告中明确指出,高质量发展是全面建设社会主义现代化国家的首要任务。作为引领发展的第一动力,创新无疑是高质量发展的战略支撑,而创新的事业呼唤创新的人才,青年大学生作为未来我国人才输送最重要的主体之一,其创新素质的培养和提高便成为当下的重中之重。

## 第一节　创新与创新素质的内涵

### 一、创新的内涵

#### (一)什么是创新

创新(innovation)源于拉丁语,是一种以新思维、新发明和新描述为特征的概念化过程。《辞海》中对"创新"的释义为抛开旧的,创造新的。

作为一个内涵丰富的概念,不同学者从不同的角度对创新进行了界定。1912年,美籍奥地利经济学家 J. A. 熊彼特在其著作《经济发展理论》中首次提出了"创新",并将创新释义为"建立一种新的生产函数"或"在生产体系中引入一种新组合",其目的在于获取潜在的利润。基于熊彼特对创新的理解,王琪琪进一步将创新定义为提出解决问题的新途径,完成一项新设计或新方法,或创造一种新的艺术形式,在经济活动中是指新事物的实际采用或引用。[1]

---

[1]王琪琪.大学生创新素质现状特征及创新意识培养开发的探索性研究[D].重庆:重庆大学,2012.

国内研究者对"创新"进行了界定。杨洁认为,创新是改变、更新或执行一个新方案,改变、更新或制造一种新的东西,以获得更高社会或经济效果的过程或行为。黄艾华把创新看成提高资源配置效率的新活动,具体包括两类:一类是技术性的,如技术创新、产品创新等;另一类是非技术性的,如制度创新、管理创新、教育创新、知识创新等。路长胜和肖东平等[1]认为,创新是科学精神的一个方面,是新知与新行的统一。新知即创新性思维,想前人所未想、想他人所不敢想的事;新行即进行创新实践活动,做前人所未做、做他人所不敢做的事。创新就是创造新事物。从心理学角度看,创新是人脑对客观现实的一种主观反映,是对现实社会发展变化进行信息加工以输出有价值结果的过程。

综上所述,创新是自觉认知过程和信息加工输出过程的结合,是通过主体对客体的认知进行创造性实践从而产生一定的突破形成新成果的过程;创新是创新主体凭借自身知识、能力和品格等要素,突破或变革他人已发现或发明的成果,产生具有社会价值的新成果的活动过程。这种新成果既包括新思想、新概念、新理论、新方法等无形产品,也包括新发明、新技术、新工艺、新作品等有形产品。

## (二)什么是创造

创造(creation)也称"翔造",英文源于拉丁文的 creatus,字面意义是"生长",原意为"制造"或"制作"。创造是一个极其广泛和笼统的概念,囊括了社会的方方面面。单从学术角度看,"创造"一词的定义在学术界尚未有权威且公认的表述。

创造指的是新颖且适宜的想法。创造是一种思维活动,其实质是创新,即想前人所没有想过的事,干前人所没有干过的事。

刘仲林在《中国创造学概论》中从三个层面界定创造的概念:一是从成果层面将创造看成组合和选择的过程,即"创造成果";二是从过程层面

---

① 路长胜,肖东平,许峰. 新编大学生就业与创业指导[M]. 成都:电子科技大学出版社,2013.

将创造看成对已知要素进行组合和选择的过程,即"创造过程";三是从主体层面将创造看成只能在实践过程中体会的一种不可言传的道,即"创造境界"。甘自恒从狭义和广义两个视角对创造进行界定。他认为,狭义创造与广义创造的区别主要在于成果的新颖性层次不同:广义创造,其成果的新颖性包括相对新颖和绝对新颖。狭义创造,其成果的新颖性则只包括绝对新颖,即从时间上看,它是世界历史进程中第一次产生的新成果;从空间上看,它是世界范围内第一次产生的新成果。

概言之,创造是一种典型的人类自主行为,它是产生出新颖的、有价值的成果(精神成果、社会成果、物质成果)的认知和行为活动。创造最大的一个特点是有意识地对世界进行探索性劳动。

### (三)创新与创造的关系

长期以来,这两个词语的运用方面存在一定程度上的混用现象,甚至于我国创造学界内部也有一部分学者认为创新与创造基本上表示同一个意思,还有一部分学者仍然坚持使用"创造"一词。目前,从英文意义上看,创新(innovation)与创造(creation)已无多大实际的差别;但从中文意义上来看,两者之间又存在一定的差异。

### 1. 创新与创造的共同点

日常生活中,人们在提及创新与创造时,往往没有严格区分,因而人们经常将这两个术语互换使用。

一些研究者认为,它们是在开发新系统、新产品和新技术的过程中所必需的共生现象。甚至,管理学会评论(Academy of Management Review)对"创造"的主题索引中也直接注明"请参考创新"。德国著名教育心理学家海纳特,把创造分为真创造和类创造两种:真创造是科学家和发明家最终产生了对于人类来说具有独特性、新颖性和社会价值的成果的活动;类创造是对于个体而言的,其成果对于个人来说是新颖、独特的,而对于人类来说是已发现、已发明的。如科学家的创造属于真创造,而处于学习过程中的创造便被认为属于类创造。这里的真创造与类创造,与人们通常所说的创新类似。

由此可知，"创造"和"创新"这两个概念基本同义，在一般情况下可相互替换使用，即使有差别也是很微小的，两者拥有的一个最大的共同点是都具有"新颖性"的内涵，着重突出一个"新"字。

## 2.创新与创造的区别

尽管创新与创造两个词语基本同义，但也存在一些差别。

一方面两个相关概念的学科背景不同。有关创新的研究主要是在社会学、经济学和工程学等学科中进行探讨的；而创造则主要是在心理学领域中进行研究的，聚焦于个体和群体如何以特殊的方式构建知识。大多数情况下，在组织和产业层面分析的创新研究者会忽略个体和团队方面的创造研究，而聚焦于采纳与扩散等阶段的创新研究者，也会忽略新计划、新工艺、新产品或新服务的创造。

另一方面两者的着重点不同。一是创新突出"结果"，创造则更强调"过程"。创新主要是为了带来更大的利润，其要求结果必须是正面的而不能是负面的。如果某个企业家在熊彼特所提出的创新的五个方面都有所涉及，但未能产生积极的结果，即获得更大的经济效益，就不能说他是在"创新"。创造则不同，无论主体活动的过程或结果哪一方面具有新颖性，均可称为"创造"，也有学者在创造的定义中明确突出了创造的这一特点。二是创新强调的是经济效益，而创造没有这方面的限制。创新在经济学理论中获得其确切含义也就决定了创新必须有经济效益，能否获得商业价值或效益是衡量创新与否的关键所在；相反，创造既可以有经济效益，也可以没有，如作为创造成果标志的国家专利，在我国大约有90%不能进入市场，但是人们不能否认它们仍属于"创造"的范畴。从这个角度看，创造大于创新，创造包含了创新。三是创新强调的是"有中生新"，突出的是对前人的继承性，而创造更强调"独创性"。创造不但可以指"有中生新"，还可以包括"无中生有"。换句话说，创新的新颖性是相对新颖，主要相较于已有的对应事物，若没有已存在的对应事物，那么与之相关的创新也难以存在。例如，管理创新、知识创新、技术创新等都是针对已有的事物而言的。创造则不受此限制，它强调的是绝对新颖和适应性，即一个想法或一种问题解决方案的稀有性或罕见性。

## 二、创新素质的含义

随着社会文明的进步和人类认识的不断深化,人类对创新素质的认识也经历了一个漫长的演变过程。什么是创新素质?创新素质是否就是创造力?有必要整理清楚二者之间的关系。

### (一)什么是创新素质

"素质"概念具有明显的先天生理特点。《心理学大辞典》中指出,素质一般是指有机体天生具有的某些解剖和心理的特性。《辞海》中认为,素质是人的先天的解剖心理特点,同时也是在社会实践中逐渐发育和成熟起来的。当前,学术界对"素质"存在狭义和广义的理解。狭义上的素质,从医学、生理学领域的角度出发,以解剖学为基础,将生理特点归结为素质的主要构成,主要强调生理素质;广义上的素质,不仅包括生理素质,还包括心理素质和社会素质,如创新意识、创新思维、创新知识、创新技能以及创新人格。由此可知,创新素质可理解为通常意义上讲的个体的创新性,它是基于先天的生理和心理基础,在教育和后天的环境等影响因素的共同协调作用下,在长期社会实践过程中逐步形成的一种具有相对稳定的知识、能力和品格素养的整体素质。大学生创新素质包含创新意识、创新能力和创新人格等。

### (二)什么是创造力

创造力是创造学研究的核心问题。《韦氏词典》将创造力(creativity)解释为"赋予存在",具有"无中生有"或"首创"的性质。对创造力的研究以 1950 年美国著名心理学家吉尔福特(J. P. Guilford)做的一次题为《创造力》的主题演讲而拉开序幕。之后,学术界开始对创造力展开深入研究,渗透于心理、艺术、科学、文学以及企业等众多领域。针对创造力的定义,中外学者至今仍无一致的看法。基于不同学者的学科背景及其对创造力的观察、说明的侧重点不同,综合各家意见,大致可将创造力的定义归纳为以下 3 种[①]：

## 1. 个人特质观点（Person）

具备创造力的个体拥有某些与他人不同的人格特质，包括人格、智力、态度、价值及品行。如罗德斯（M. Rhodes）提出的由创造者（Person）及其智力、态度、价值及品行构成的创造力四要素。

## 2. 过程中的行为观点（Process）

创造力体现在人从冥思苦想、克服困难直到获得新奇实用的成果的过程以及整个阶段中。如韦尔施（P. K. Welsch）提出的"4P"定义：创造是通过转变现有产品而产生独特产品的过程，这些产品无论是有形的还是无形的，必须对于创造者而言是独特的，也必须符合创造的目的和创造者的价值观。

## 3. 产品能力观点（Product）

创造力是产生独特的、新奇的、适当的与有价值的产品的能力。如阿玛布丽的创造力核心理论是创造力的组成成分理论，他从概念性定义和操作性定义分别界定创造力，并认为创造力分为与领域有关的技能（domain related skills）、与创造力有关的技能（creativity related skills）、任务动机（task motivation）。多数学者认为，"产品能力观点"的角度最能体现创造力的特性。

创造力是创造主体遵循创造活动的规律基础，根据自己的活动目的，在认识世界、改造世界的实践过程中，产生变革动机，并利用领域知识、专业技能等开展能动性思维活动和实践探索，最终产生某种新颖性成果（包括物质和精神的产品）的过程中所表现出来的能力。创造力最本质的内涵在于实践中产生有价值的新颖成果的能力。

对于大学生的创造力而言，它是大学生在开展具体的创造性活动中表现出来的各种能力总和。其具体体现为大学生运用一切已知信息，结合自身的学科知识、专业技能等开展能动思维活动，产生出某种新颖、独

---

①陈德辉.多层面组织创造力模型的探索[D].大连：大连理工大学,2012.

特、具有个人或社会价值的物质产品或精神产品的能力。大学生的创造力主要是由大学生创造性思维能力、大学生基础能力和大学生创造性行为能力3个部分组成的。其中,创造性思维能力是创造力的核心。大学生一般以大学生基础能力为起点,在创造性思维能力的指导下,发挥一定的创造性行为能力,最终表现出创造力。

### (三)创新素质与创造力的关系

创新素质与创造力的关系很大程度上取决于创新与创造内涵上的差异。创新素质与创造活动有着密切的关系。

首先,创新素质是创造力的前提条件,而创造力的发挥又是创新素质的一种外在表现形式。由此可推断,一个人的创新素质与创造力之间呈正相关关系。个体创新素质越高,其创造力越强。创新素质是进行创新活动必备的心理品质和特征,创新素质高的员工通常能打破常规,具有敏锐的洞察力、预测力,思维具有前瞻性,这些人往往也更具有创造力。

其次,创新素质具有内隐性、潜在性,表现为一种创造的潜质;而创造力表现为明显的实践性,它是在创造活动过程中表现出来的一种能力品质。对于大学生而言,创新素质表现在创新意识、创新能力、创新人格等方面,而创造力则是其具体运用一切已知信息,结合自身的学科知识、专业技能等在具体的创造活动中产生某种新颖、独特、具有个人或社会价值的物质产品或精神产品的能力,产生的活动成果越新颖、越有价值,其创造力越强;反之,则越弱。

# 第二节 大学生创新素质的时代价值

在今天这个创新的时代,创新素质是能力素质的核心。大学生只有具有高创新素质,才能更好地适应未来社会的变化,才能更好地改变现有社会在诸多方面存在的问题和不足。因此,世界各国无不高度重视大学生创新素质的培养。

# 一、人类社会的发展始终需要具有创新素质的人才

人类始终肩负着进一步认识社会和改造社会的重要历史使命,以此推动社会的发展和文明进步。要进一步认识世界和改造世界,必须有创新型人才为社会提供创造性成果。纵观历史,社会进步和经济发展都是由人类的创新创造所推动的。正因为有了原始社会的钻木取火,人类才告别了茹毛饮血的野蛮生活,也为改造自然界和制作工具提供了有力的手段。随着金属农具的创造,人类结束了渔猎游牧生活,开始了定居生活并从事农业生产。而后随着纺织机和蒸汽机的出现,从英国开始的工业革命相继在欧美大陆完成,世界进入了工业经济时代。自此以后,每一个发明创造都极大地推动着社会和经济向前发展,1946 年第一台电子数字计算机 ENIAC 使用了 18000 只电子管,消耗功率几百千瓦,重达 30 吨,占地 170 平方米。随着集成电路的出现和集成度的不断提高,今天人们使用的台式计算机和笔记本电脑的性能已是 ENIAC 所无法比拟的。计算机技术、人工智能的发展极大地改变着人类社会,是创造对社会改变和人类发展起重要作用的一个最好的例证。正是由于人类的创造活动人类才从野蛮时期过渡到文明时代。

现代社会是市场经济社会,要在市场经济中立于不败之地,就要具备竞争实力,而竞争实力的获得主要源于创新。因此,市场经济注重人才的创新素质,创新人才得到前所未有的重视。企业管理专家吉尔默曾代表企业界对高等教育发出了这样的呼吁:请大学给我这样的人——会独立思考的人;不相信显而易见事情的人;怀疑已有做法的人;对未来有明晰想法的人;有胆量和想象力,敢于开拓新经营体制和新业务的人;有能力并愿意开发和改进新装置、新技术的人;懂得创造性原理,为了改善人类生活不怕被嘲笑的人。吉尔默提出的人才素质正是创新型人才素质,他提出的要求代表了现代社会对人才创新素质的呼唤。IBM 公司的总裁沃森认为,IBM 公司的成功不是靠资源的分配,也不是靠研究部门或推

销部门的勤奋工作，而是靠全体职员开动脑筋进行独立思考。在 IBM 公司的所有厂房和办公室内都挂着写有"思考"两个字的牌子，以便随时提醒人们每天不要因为杂事忘记了最重要的思考。这里的思考，指的是员工要有所创新，不要人云亦云，要推陈出新。我国高科技企业华为公司更是在全球招揽具有非凡创新素质的顶尖人才。时代的呼唤就是对当代大学生的命令，大学生必须积极行动起来，在实践中切实提升自己的创新素质。

## 二、创新素质是大学生成才的必备素质

当今世界的竞争关键是人才的竞争，核心是人才创新素质的竞争。大学生想成为对社会有用的人就必须具备创新能力，就必须在自己的知识能力基础上通过创造性劳动为社会发展提供创新性的精神和物质成果。所以，大学生创新素质水平的高低便成为其最终是否能得到"人才"认可的重要指标。

在当代社会，科学技术是一个国家综合国力的重要体现，是使国家在竞争中保持抗衡力量的关键因素。要使国家的科学技术处于世界领先水平，仅靠一般人的劳动是不行的，最重要的是要有一批高创造力的人才。所以，我们必须走科技创新的道路，依靠创新发展中国的科学技术，提升中国的生产力发展水平，提高综合国力。创新是一个民族进步的灵魂，是一个国家兴旺发达的不竭动力，也是中华民族最深沉的民族禀赋。在激烈的国际竞争中，唯创新者进，唯创新者强，唯创新者胜。人才是创新的根基，是创新的核心要素。创新驱动实质上是人才驱动。可以说，时代的要求和国家的发展都迫切需要涌现大批富有创造素质的高层次人才。大学生是国家培养的高级专门人才，是人才的预备队员，因此，大学生创造能力的高低、创造素养的好坏将会直接影响着中国经济和社会发展的速度。大学生想要完成肩负的历史使命，成为国家的有用之才，得到社会的普遍认可，靠的只能是自己的创造素质及由创造素质所获得的成果。因

此,抓紧时间努力学习实践、提高创造素养、掌握创造技法成为大学生当前学习的重中之重。

# 第三节　影响大学生创新素质发展的因素

## 一、知识因素

知识是创新的基础,创新需要知识积累,只有具有相应的知识才能对创新领域的问题进行深入思考,从而产生创新性成果。在创新领域著名的十年定律和一万小时定律都明确告诉我们创新是需要知识积累的。

适度的知识储备是创新的重要基础。机会总是留给有准备的人的,而这个准备就是知识的准备。很多时候就是这样,当机会来临之时,总是有人因为没有做好知识准备而错失机会。我们没法去控制机会到来的时机,却可以调整自己,让自己时刻准备着相应的知识,等待机会来临时一举抓住。

知识多的人创造力不一定强,有时反被知识所制约。1—3岁的小孩一个人被关在房间,他敢爬窗而出,而长大了他便不会再爬,因为他知道这是危险的。一个教授提出一道很简单的数学题目:1+1等于几?小学生都回答是2,但博士生都不知道怎么下手。大化学家李比希,他对从海藻中提取碘时沉淀下来的一层深褐色液体轻率地贴上了一张氯化碘的标签,而使新元素溴的发现者变成了法国化学家波拉德。这个失误使他痛心疾首,甚至视那张标签为耻辱,他在标签上写上"李比希的耻辱"后将其贴在床头,以日夜警醒自己。

从有利于大学生创造力培养和提高的角度看,我们认为大学生应建立的知识结构包括以下三个方面。

### (一)基础知识

扎实、宽广的基础知识是形成稳固、宽泛知识的基础。只有具备扎实、宽广的基础知识，才能适应现代学科既高度分化又综合的要求，才能在专业学习和创造上取得巨大的成就。当代大学生需要具备一定的自然科学和人文社会科学基础知识，全面拓宽知识面，如哲学知识、语言文字知识、外语知识、计算机知识以及数学知识等，这些对于大学生而言都是十分重要的基础知识；对在"中国大学生实用科技发明大奖赛"获得奖励的大学生调查发现，他们中多数人认为本科期间应学好各门基础课，他们认为"基础知识特别重要""要打好坚实的基础"。

## （二）专业知识

专业知识是人才知识构成的特色，是创新人才知识结构的主体。想要在某一领域有所建树，必须掌握和能够灵活运用该领域精深的专业基础理论、专业技术等知识，以及该知识领域前沿的最新动态。各门学科对专业知识要求不一样，大学生应在教师的指导下，主动探索本专业的最佳知识结构，最大限度地发挥自己的创造力。

## （三）相关知识

想要掌握与所学专业相关或相近的知识，拓宽知识面，开阔视野，就必须借助相关学科的知识，加强对本学科的研究。同时，要适应科学技术综合化、交叉化、边缘化发展的趋势，要注意对多个学科知识的学习，促进多个学科知识的相互补充，增强创新意识，使对本专业的学习研究更深入。在"中国大学生实用科技发明大奖赛"获得奖励的大学生们多数认为，在学好专业基础知识的前提下尽量博览群书，博采众长，拓宽自己的知识面。他们认为应该"多读书，多看报""多进图书馆""兴趣广泛""多读自己感兴趣的科学知识""多出去走走，如看看博览会、展览会、展销会"。这些建议实际上都是对拓宽大学生知识面的要求。

大学生在构建合理的知识结构时，要注意处理好基础知识与专业知识的关系、知识与能力的关系，从而有效促进创造力的提高。

## 二、能力因素

能力是完成一项目标或者任务所体现出来的综合素质,是直接影响活动效率,并决定活动能否顺利完成的个性心理特征。具有不同能力的人在完成活动后表现出来的任务完成效果有所不同。任何一项创造性的成果都是在实践领域,包括社会实践、生产实践、科学实践中取得的。创新成果不是纯粹空想出来的,它最终还是做出来的。这说明,创新人才的创新能力十分重要。诺贝尔物理学奖获得者朱棣文也认为,动手能力强的人往往能创造出惊人的成绩。创新能力主要包括创新主体的学习能力、信息加工能力、一般工作能力、动手能力或操作能力以及掌握和运用创新技法的能力等。它不仅是一种智力特征,更是一种综合素质的体现。企业家要在创新活动中取得成绩,同样需要各种各样的能力支撑。

在知识经济时代,知识更新快,信息传递快,科技转化快。因此,在创新能力的培养方面,尤其要提升学习能力,重点是自学能力。在创新突破的关键点上是没有现成书本知识可依的,这就要求具有自学和融会贯通能力,这种学习能力使人能在复杂局面中迅速地把握信息,独立地提出问题、分析问题和解决问题。

## 三、人格因素

人格是指一个人总的心理面貌,是相对独立稳定并具有独特倾向性的心理特征的总和。它是在社会实践中逐步形成和发展的。人格对人的行为具有重要影响,良好的人格特征能促进人的创新行为,而不良的人格特征对人的创新行为起着阻碍作用。例如,强烈的自信心、远大的理想、坚定的信念、务实的作风、求实的态度、无畏的胆识、坚强的意志力、丰富的情感、浓厚的兴趣等人格特征能极大促进人的创新性。没有自信心和无畏的胆识,便缺乏创新的勇气;没有远大理想和浓厚兴趣,便缺乏创新的动力;没有务实作风和求实态度,便缺乏创新的科学性;没有坚强的意志和丰富的情感,便不可能创新出成果。创新的本质是对传统与现有事物的扬弃,在这个过程中不仅有来自创新本身的困难,还有来自外部环境的困难,即来自意识形态领域与现实生活的多种压力与阻力。一个缺乏独立人格的人很难战胜各种困难,也难以创新。创新人格来自主体的有意识的培养,创新人格的生成过程即一个培养主体独立性的过程。在这个过程中,需要强化文化素质教育,特别是人文教育,以此来有意识地发展人格结构中积极的、有利于创造才能发挥的因素,克服消极因素。

## 四、环境因素

从是否有利于创新的角度来看,环境有以下三种:一是好的环境(顺境),二是差的环境(逆境),三是变革时的环境。不管是顺境还是逆境都能成才,处在好的环境中的人的起点高,可少走弯路。但有些人往往只有在逆境中才能不挥霍青春。变革时的环境对保守者来说是一个灾难,但对变革者来说就是一个机会。

培养创新素质绝不是一项一蹴而就的工作,而是一项系统工作,它既需要来自主体内部的力量,也需要一定的外部环境。人是环境的产物,良好的创新氛围,能很好地激发人们的创新意识。

高等院校要为学生创造独立思考、勇于创新的环境。创新需要的环境是多方面的:第一,创新需要民主的环境。百花齐放,百家争鸣,有自由讨论的空间,才能激发人们发挥自身的创造性。第二,创新需要安定的环境。各种创新活动只能在和平安定的环境下才能充分进行。第三,创新需要竞争的环境。创新本身是一项富有挑战性的工作,它需要主体既敢于挑战客体,也敢于挑战自我。只有在竞争中人的潜力被激发、激活,才会有新的突破、新的发现。第四,创新需要交流与合作的环境。我国许多科学家都指出,创新必须交流,关起门来是不可能有所创新的,因为在交流与合作中可以广泛学习借鉴他人的经验和技术,可以充分地继承人类的先进文化成果。

# 第五章　大学生创新素质的培养

每一个大学生都蕴藏着丰富的创造潜能,这一潜能的开发和利用需要创新精神的指引和统领。同时,发掘大学生创造潜质,深入研究创新人才的素质,也是创新、创业的重要课题。下面将从创新意识、创新思维、创新能力、创新方法、创新精神五个方面探讨大学生创新素质的培养。

## 第一节　激发创新意识

### 一、创新意识的概念

创新意识是指人们根据社会和个体生活发展的需要,引起创造新事物的观念和动机,并在创造活动中表现出的意向、愿望和设想。它是人类意识活动中的一种积极的、富有成果性的表现形式,是人们进行创造活动的出发点和内在动力,是创造性思维和创造力的前提。它支配着人们对创新实践活动的态度和行为,规定着态度和行为的方向和强度,具有较强的选择性和能动性,是大学生创新素质结构中最重要的组成部分。

### 二、创新意识的类型

创新意识通常包括以下六种类型。

#### (一)还原创新意识

还原法即回到根本、回到事物起点的方法。还原创新简单地说,就是暂时放下所研究的问题,回到驱使人们创新的基本出发点。

#### (二)分离创新意识

分离创新是指把某创造对象分解或离散成多个要素,然后抓住关键要素进行设计创新。分离创新的基本途径一般有以下两条。

### 1.结构分离

结构分离是指对已有产品结构进行分解,并寻找创新的一种模式。

### 2.市场细分

市场细分是按消费者的需求、动机及购买行为的多元性和差异性,将整体市场划分为若干子市场,即将消费者分为若干类型的消费群的行为。

## (三)逆向创新意识

逆向创新是将思考问题的思路反转过来,从构成要素中对立的另一面来思考,以寻找解决问题的新途径、新方法。逆向创新法亦称为反向探求法。反向探求法一般有功能性反求、结构性反求和因果关系反求三条主要途径。19世纪初,人们发现了通电导体可使磁针转动的磁效应。法拉第运用逆向思维反向探求:"能不能用磁产生电呢?"于是,法拉第在经过多年的探索之后,终于在1831年成功发现了电磁感应现象,制造出了世界上第一台感应发电机。

## (四)移植创新意识

移植创新指吸收、借用其他学科领域的技术成果来开发新产品。在机械创新设计方面,应用移植创新原理取得成功的例子很多,如将磁学原理移植到带传动中,人们发明了磁性带传动,大大增加了带传动的传动能力。

## (五)综合创新意识

综合创新是指运用综合法则的创新功能去寻求新的创造。综合创新一般有非切割式综合与切割式综合两个主要途径。

### 1.非切割式综合

非切割式综合即直接将两种或两种以上的事物保持各自完整特点进行组合的综合创新模式。

### 2.切割式综合

切割式综合即截取两种或两种以上事物的某些要素,再将其有机组合成新事物的综合创新模式。

### （六）价值优化创新意识

价值优化是提高价值的指导思想，是创新活动应遵循的理念。价值优化设计的途径主要有以下五种。

第一，保持产品功能不变，通过降低成本，达到提高价值的目的。

第二，在不增加成本的前提下，提高产品的功能质量，以实现价值的提高。

第三，虽然成本有所增加，但功能大幅度提高，使价值提高。

第四，虽然功能有所降低，但成本大幅度下降，使价值提高。

第五，不但使功能增加，同时也使成本下降，从而使价值大幅度提高。这是最理想的途径，也是价值优化的最高目标。

## 三、创新意识的激发

### （一）提倡标新立异，培养首创精神

首创就是要做别人没有做过、没有想过的事情。标新立异实质上就是有强烈的进取精神和勇于开拓的思维意识，是一种敢为天下先、敢为人未为的创新精神。首创和标新立异的精神和物质成果对我们的贡献很大，能在一定程度上做出开创性的贡献，给后人提供新的思路和平台，可推进社会的进步。有了这种精神，才能有创新的动力，才能发现创新点，也就有了培养创新习惯的基础。

### （二）养成好奇心境

人一旦对某个问题产生好奇心，他在这方面的知识储备便会丰富，同时注意力便会集中，对这件事情便会更加关注、更加投入，思维也会特别活跃，潜能往往可以在这时释放出来。这时，人的创造热情便会空前高涨。

### （三）具有耐挫能力

人不可能一帆风顺，都会遇到困难，碰到挫折。人如果没有超强的耐

挫能力,没有百折不挠的顽强毅力,而是怕苦畏难,遇到风险便止步,那么永远也不可能获得成功,更不要说取得创新成果了。其实,困难、挫折也是一笔财富。危急时刻,人们往往会斗志昂扬、思维活跃,意志也更加坚定。只有不畏艰难,集中精力解决矛盾、战胜困难,才更容易激发出创造力。

### (四)具有献身精神

古往今来,多少英雄豪杰、仁人志士,无不是从小就树立了远大的理想和抱负,并为之努力奋斗,顽强拼搏,并最终取得成功。任何人都拥有与杰出成功者一样的潜能、一样的时间和一样的机会。如果再拥有远大理想和献身精神,那么我们每个人的能量就能得到发挥。

# 第二节　培养创新思维

## 一、创新思维的概念

创新思维是人们在创新活动过程中所具有的思维方式。它是相对于以固定、惰性的思路为特征的常规性思维而提出的,是一种高度灵活、新颖独特的思维方式。具有创新思维的人通常能在创新动机和外在启示的激发下,充分利用人脑意识和潜意识活动能力,借助各种具体的思维方式(包括直觉和灵感),以渐进式或突发式的形式,对已有的知识经验进行不同方向、不同程度的再组合、再创造,从而获得新颖、独特、有价值的新观念、新知识、新方法、新产品等创造性成果。

## 二、创新思维的特征

创新思维主要有以下七个特征。

### (一)灵活性特征

创新思维不局限于某种固定的思维模式、程序和方法,它既独立于别人的思维框架,又独立于自己以往的思维框架,是一种开创性的、灵活多变的思维活动,它能做到因时、因事而异。例如,一个探险队首次准备在南极过冬时,遇到了这样一个难题:队员们打算把船上的汽油输送到基地,但由于输油管的长度不够,又没有备用的管子,导致无法输送。正当大家一筹莫展的时候,探险队队长突发奇想:南极到处都是冰,能不能用冰做成冰管子呢?南极气温极低,屋外能"点水成冰",所以这个想法并非不切实际。虽然可以用冰做管子,但怎样才能使冰成为管状的又不至于破裂呢?他又想到了医疗上使用的绷带,在出发时他们带了不少这样的绷带,他们试着把绷带缠在铁管上,然后在上面浇水,让水结成冰后,再拔出铁管,这样果然就做成了冰管。他们再把冰管一截一截地连接起来,需要多长就接多长。就是依靠这些冰制的管子,他们解决了输油管长度不够的难题。在解决这个难题中运用的是异同因果思考法。

创新思维灵活性主要体现在以下两个方面。

### 1. 变通力

变通力即能适应变化了的各种情况的能力。变通的类型有性质变通、方向变通、时间变通、空间变通、形状变通、功能变通、蕴含变通等。变通的类型与思维的角度、维度、系统性有关。

### 2. 摆脱惯性

摆脱惯性表现在思维方向的变化上。意味着不要以僵化的方式去看问题。具有创新思维者能以不同的方式去应用信息。

### (二)敏感性特征

敏感性是指具有创新思维的人具有能发现常人常常忽略的信息的能力。利用它能在空间和时间里捕捉住有价值、新颖的信息。这种特性意味着具有创新思维的人一般很快就会注意到在某一件事情中存在的问题。例如,荷兰一退休老人在看电视时发现,主持人在讲解有关月球探险的内容时,用的是月球的平面图。老人心想:"看这种月球平面图,效果不好。月球和地球都是圆的,既然有地球仪,同样也可以有月球仪。地球仪有人买,月球仪肯定也会有人买。"于是,老人开始倾注全部精力制造月球仪。当第一批月球仪做好以后,老人就在电视和报纸上刊登广告,不出他所料,世界各地的订单源源不断地飞来。从此,他每年靠制造月球仪就可赚 1400 多万英镑。老人运用的就是伴生联想思考法,从地球仪联想到月球仪,创造出了大量的财富。

## (三)独创性特征

具有创新思维的人在思路的探索上、思维的方式方法上和思维的结论上都能独具卓识,提出新的见解,做出新的发现,实现新的突破,具有独创性。例如,北京大钟寺的一座大钟,约有 46500 千克重,被称为"钟王"。这是明朝皇帝朱棣为了防止民众造反,派军师姚广孝收集老百姓的各种兵器后铸造的。不知什么原因,这口大钟沉到了西直门外万寿寺前面的长河的河底。一百多年后的一天,一个打鱼的老汉发现了河底的这口大钟。清朝皇帝得知此事后,下令将这口钟打捞上来,并挪到觉生寺(即现在的大钟寺),然后再修建一个大楼来悬挂这口大钟。从河底把大钟打捞上岸虽非易事,但经过一番努力,总算克服了困难。不过要把这个约有46500 千克重的大钟挪动到五六里以外的觉生寺,谁也想不出一个可行的办法来。钟是夏天捞出来的,到秋天还没有人想出主意。有一天,参与此事的一个工头和几个工匠在工棚里喝闷酒。工棚内只有一块当桌子用的长长的石条,大伙儿围坐在石桌旁。这时天正下雨,从棚顶上漏下来的雨水滴在石桌上。坐在石桌一头的一个工匠让坐在石桌另一头的一个工匠再给他倒一盅酒。酒倒好后,由于工匠手上有水,在传递时没留神把酒盅给弄翻了,引得大伙儿连声抱怨:"太可惜了!""太可惜了!"这时,一个工匠很不耐烦地说:"何必用手传呢?石桌上有水,是滑的,轻轻一推不就过去了?"坐在旁边的一个平时很少说话的工匠沉思了片刻后,将石桌子一拍,大叫起来:"有啦! 有啦! 挪动大钟有办法啦!"这个平时很少说话的工匠联想到的办法是在万寿寺到觉生寺之间挖一条浅河,放入一二尺深的水,待河里的水结冰后,不用费多大力气便能将大钟从冰上推走。后来就是采用这个方法将大钟从万寿寺挪动到了觉生寺。

## (四)风险性特征

创新思维的核心是创新突破。它没有成功的经验可借鉴,没有有效的方法可套用,因此运用创新思维时不能保证每次都能取得成功,有时可能毫无成效,有时可能得出错误的结论。但是无论什么样的结果,都具有重要的认识论和方法论方面的意义,都能为人们提供新的启示。例如,杜邦公司在开发人造革时,曾错误地认为人造材料(人造革)肯定好于自然材料(牛皮),因而在进行市场定位时错误地人造材料定位于高档定型皮鞋市场,造成了 1.5 亿美元的损失;后其将人造革专利卖给波兰,波兰人将人造革定位于低档的工作鞋市场,结果产品十分畅销。

### (五)流畅性特征

创新思维是多向、多维的,往往没有固定的思维方向。具有创新思维的人总是先从各个角度去思考事物的功能及其产生的后果,然后预测所有可能导致的结果。这样就能在做出最终决策前,有更多的选择机会,以便做出理智的选择。因此,在使用创新思维时,并不是必须要在时间的压力下工作且必须迅速产生结果,而是在其他条件相同的情况下,在每一规定时间内能够形成大量观念,这些观念中可能有具有重要意义的观念。我们常用"思潮如涌"来形容思路的敏捷性,用"一气呵成"来描述在短时间内迅速做出众多反应的能力,这实际上就是指创新思维的流畅性。由流畅性能产生大量的观念,从而为创新准备了条件。

### (六)超越性特征

创新思维不但可以超越时间、空间、物质、现象和一切传统的东西,而且可以超越过去和现在,从而创造出美好的未来。例如,著名教授普朗克发现了量子力学假设及普朗克公式,但让他沮丧的是,这一发现破坏了他一直崇拜并虔诚地信奉为权威的牛顿的完美理论。他因此宣布取消自己的假设。人类本应因权威而受益,却不料竟因权威而受害,由此使物理学理论停滞了几十年。25 岁的爱因斯坦敢于冲破权威圣圈,大胆突进,他赞赏了普朗克假设并向纵深引申,提出了光量子理论,奠定了量子力学的基础。随后又推翻了牛顿的绝对时间和空间的理论,创立了震惊世界的相对论,一举成名,成了新的权威。

### (七)综合性特征

创新思维是许多因素结合在一起的综合性思维活动。创新思维者在思考问题时,常常要记住一系列变量、条件或关系。只有综合这些因素,弄清它们之间的关系,才不会混淆,同时要综合运用多种思维方法和逻辑模式。利用创新思维进行思考的过程包含着直觉的洞察与灵感的迸发、想象的发挥与模型的构想、类比的跨接与思路的外推、归纳的概括与假设的试探、演绎的联结与溯因的沟通、分析的还原与综合的归纳、反馈的利用与控制的运筹及不断地顿悟和重组,形成新的概念框架和理论体系。所以说,创新思维具有综合性特征。

## 三、创新思维模式

任何创新思维过程都是指向某一具体问题的,问题是思维的起点。创新思维与问题解决有密不可分的联系,所有的创新思维无疑都涵盖问题解决。

### (一)分析问题情境

问题情境是创新思维的起始因素,它唤起人的认识需求。问题情境意味着人在活动中遇到了某种不理解的、未知的、令人诧异的东西。它是在这样的情况下产生的,即当人处在解决问题(任务)的情境中时,无法用已有的知识解释新的事实,或者无法用以前熟悉的方法完成已知的行动,此时应找到新的行动方法。

创新思维过程从对问题情境的分析开始,情境的各结构因素从思维的不同方面切入进行探究。按照问题情境的分析结果可将其划分为已知因素、未知因素和应求因素。

### (二)提出问题

提出问题是创新思维的主要一步。在对问题情境的分析中,应确定情境中引起困难的因素是什么,被看作困难因素的就是问题。通过一系列不同层次的"为什么"的发问,从肤浅到深入,再到实质性发问,识破问题的实质,然后用语言概述出来。在这个阶段不仅要确定问题的存在,还要定义这个问题到底是什么。

## （三）发散思维

发散思维是指利用多角度、不同的思维方向，不受限于现有知识范围，不遵循传统的固定方法，从已知信息中产生大量变化的、独特的新信息的思维方式。发散思维，表现为思维视野开阔，思维呈现出多维发散状。不少心理学家认为，发散思维是创造性思维最主要的特点，是测定创造力的主要标志之一。

# 四、创新思维的培养方法

## （一）心智图法

心智图法是一种刺激思维及帮助整合思想与信息的思考方法，也可以说是一种观念图像化的思考策略。这种方法主要采用图志式的概念，以线条、图形、符号、颜色、文字、数字等样式，将意念和信息快速地以上述各种样式摘要下来，构成一幅心智图。结构上，具备开放性及系统性的特点，让使用者能自由地激发扩散性思维，发挥联想力，又能有层次地将各类想法组织起来，以刺激大脑做出各方面的反应，从而得以发挥全脑思考的多元化功能。

## （二）脑力激荡法

脑力激荡法是最为人所熟悉的创意思维策略，这种方法强调集体思考，着重互相激发思考，鼓励参加者于指定时间内，构想出大量的想法，并从中引发新颖的构思。脑力激荡法虽然主要以团体方式进行，但也可用于个人思考问题和探索解决方法。

## （三）逆向思考法

逆向思考法是可获得创造性构想的一种思考方法，如果能充分运用这种方法，那么个人的创造性就可加倍提高了。

## （四）三三两两讨论法

这种方法可归纳为每两人或三人自由成组，在 3 分钟内，就讨论的主题互相交流意见及分享；3 分钟后，再回到团体中做汇报。

### （五）六六讨论法

六六讨论法是以脑力激荡法为基础的团体式讨论法。这种方法是将大团体分为六人一组，只进行6分钟的小组讨论，每人1分钟。然后再回到大团体中分享并做最终的评估。

### （六）曼陀罗法

曼陀罗法是一种有助于扩散性思维发展的思考策略。它利用一幅九宫格图，将主题写在中央，然后把由主题所引发的各种想法或联想写在其余的八个圈内，从多方面进行思考。

### （七）分合法

分合法主要是将本不相同也无关联的元素加以整合，产生新的意念或面貌。分合法利用模拟与隐喻，协助思考者分析问题以产生各种不同的观点。

### （八）希望点列举法

这是一种不断地提出"希望""怎样才能更好"等理想和愿望，进而解决问题和改善对策的技法。

### （九）缺点列举法

缺点列举法是一种不断地针对一项事物，检讨此事物的各种缺点及缺漏，进而解决问题和改善对策的技法。

### （十）属性列举法

属性列举法强调使用者在创造的过程中观察和分析事物或问题的特性或属性，然后针对每项特性或属性提出改良或改变的构想。

# 第三节　提升创新能力

## 一、创新能力的含义

创新能力是在前人发现或发明的基础上，创新主体以已知信息或知识为基础,对客观事物或现象进行重新组合,产生出新颖独特、具有社会和个人价值的产品的能力。

## 二、创新能力的类型

创新能力作为一个系统、综合的概念,其主要包括以下六种类型。

### (一)发现问题的能力

发现问题的能力是一种发现那些让人难以察觉的、隐藏在习以为常现象背后问题的能力。它表现为能意识到存在于周围环境中的矛盾、冲突、需求,能意识到某种现象的隐蔽未解之处,能意识到寻常现象中的不寻常之处。发现问题的前提是好奇心和怀疑。好奇心会增强人们对外界信息的敏感性,从而发现问题并追根溯源,提出一连串问题;怀疑就是对权威的理论、既有的学说和传统的观念等不能简单地接受与信奉,而是要持怀疑和批判的态度。发现问题的能力在创新活动中通常是由认知风格和工作风格来体现的。认知风格是指个人在打破心理定式和理解复杂问题过程中表现出来的气度、能力和心理特点;工作风格是指能长时间集中努力和聚焦问题的工作态度和工作能力。

### (二)流畅的思维能力

流畅的思维能力是指就某一问题情境能顺利产生多种不同的反应,给出多种解决问题的办法和方案的能力。思维流畅是以丰富的知识和较强的记忆力为基础的,并能够根据当前情况所得到的印象和所观察到的事物激活知识,调出大脑中储存的信息,并利用创造性思维提出大量新观点。思维流畅对创新有重要意义。因为形成大量设想,就有更大机会产生有创新意义的想法。提出的设想不一定每一个都正确,有创见性的设想也不是一下子就能在头脑中形成的。但是,提出的设想越多,出现有创见性想法的可能性也就越大。

### (三)变通的能力

变通的能力是指思维迅速地、轻易地从一类对象转变到另一类对象的能力。它能够从某种思想转换到另一种思想,或是多角度地思考问题,能用不同分类或不同方式研究问题。具有变通能力的人,一般都能根据客观情况的变化机智地解决问题,思维灵活多变,不囿于条条框框,敢于提出新观点,思想活跃。而缺乏变通能力的人,往往机械呆板,墨守成规,没有创新精神,思想陈旧,观点保守。

### (四)独立创新的能力

独立创新的能力是一种寻求不同寻常的思想和新奇的、独特的解决问题方式的能力。拥有独立创新能力的人能想出别人想不出来的观念,看出别人看不到的问题。它是一种求新求异的能力。具有独立创新能力的人往往独具卓识,能提出新的创见,做出新的发现,实现新的突破,具有开拓性。独立创新能力是创新能力最本质、最重要的核心要素,它反映了一个人创新能力水平的高低。同时,独立创新能力是人们在创新活动的各个阶段或各个领域都需要具备的最基本的能力,无论是在技术产品开发上,还是在生产、管理和市场开拓上,甚至在日常学习和生活中,都需要运用独立创新能力。

### (五)制订方案的能力

制订方案的能力是指把一个创新的想法变成一个具体的实施方案。方案是为了解决特定问题或达到预期目标采用的方法和手段。制订方案时需要注意以下四个方面。

首先,要明确创新目标是什么,方案是围绕着实现创新目标而制定的。

其次,分析实现这个创新设想存在哪些问题和困难,了解其有利因素和不利因素。

再次,针对需要解决的问题,选择需要采用的主要方法和途径,并确定需要解决的重点和方向。主要是运用创新方法,包括类比、想象、直觉、灵感等多种形式。

最后,制订方案的实施步骤。

创新的设想能否实现取决于方案的制订和实施。创新过程不可能一帆风顺,所以,就需要拟订多套方案以备选择,从多套方案中比较、择优。同时,由于每个备选方案都有其合理性和局限性,因此,在优选的基础上,还可以吸收其他方案的长处,补充所选方案的不足,使之更加完善。

### (六)评价的能力

评价的能力是指通过评审从许多方案中选择出一种方案的能力。在创新活动中,需要冲破一切约束,解放思想,从而提出大量的设想、构思和方案。在多种方案中,除个别的设想可能是"闪光"的设想之外,不可避免地伴随着大量的、在技术经济上暂不可行的设想。因而需要通过评价,选出在技术经济上可行的、有希望获得成功的方案,如果不进行评价,往往会造成人力、物力和财力的浪费。评价还可以促进创新过程中方案的优化。没有正确的评价,没有正确的筛选,就无法保证得到最优或较优的创新方案。

## 三、提升创新能力的方法

### (一)通过创新品格的培养提升创新能力

品格在创新活动或创造学习过程中能提供内在的推动力。创新品格的培养需要激发创新动机、培养创新热情、磨砺创新意志、塑造创新品德、培养敢于冒险精神、具备好奇心和丰富的想象力。

### (二)通过创新思维的训练提升创新能力

创新能力的核心是创新思维。一个善于运用创新思维的人,才能发挥自身的创造潜能。积极进行有效的创新思维训练,是培养创新能力的有效方法。

### (三)通过创新教育的大力推广提升创新能力

创新教育是一种不同于传统教育的新型教育,它既不以单纯积累数量为目标,也不以知识继承的程度为目标。与传统教育相比,创新教育同样强调合理的知识结构及获取知识的方式,同样强调培养学生的各种能力,但更强调对学生创造能力的培养。创新教育作为一项开发创造、为社会培养创造人才的教育事业,近年来已在国内得到广泛开展,并取得了一定成绩。创新教育的主要目标是全力以赴地开发学生的创造力,矢志不渝地培养创造型、复合型、通才型的创新人才。

### (四)通过创新技能的锻炼提升创新能力

创新技能是创新者的智力技能、情感技能和动作技能的综合。通过培训可全面提高创新者独特敏锐的观察能力、高效持久的记忆力、实际操作能力和把握机遇的能力。

# 第四节　掌握创新方法

据不完全统计,目前已提出的创新方法有 300 多种。为了便于系统学习,我们从中选取了一些具有代表性的创新方法进行简要阐述。

## 一、头脑风暴法

头脑风暴法是以小组的形式,无限制地自由联想和讨论,然后产生新观念或激发创新设想的一种方法。

使用头脑风暴法时通常采用专家小组会议的形式进行交流,其流程分为会前准备阶段和会议执行阶段两个阶段。在会前准备阶段,会议召集者要在会前明确会议的主题,创建引导问题目录,并选定与会人员。在会议执行阶段,会议开始时,如果与会人员没有头脑风暴的经验,召集者可以带领大家先做一些适应性的练习,以打开思路,然后阐明该次会议的目标议题,鼓励大家进行头脑风暴,接着由各与会人员提出自己的设想,并详细阐述设想。如果与会人员没有提出相关的设想,召集者需做相应的引导,鼓励大家积极思考,最大限度地发挥个人的创造力。与会人员的设想都发表完毕后,将获得的设想进行分类整理,在发表、阐述、整理设想的过程中,要做好相关的记录工作。如果时间还有剩余,还可再次鼓励大家进行头脑风暴,以获得尽可能多的设想。为使与会者畅所欲言,互相启发和激励,达到较高效率,头脑风暴时必须严格遵守下列原则。

第一，提倡自由发言、任意想象、尽量发挥，主意越新、越怪越好，因为这样的主意能启发人们产生新的想法。

第二，推迟评判，禁止批评。对别人提出的任何想法都不能批评、不得阻拦。只有这样，与会人员才可能在充分放松的心态下，在别人设想的激励下，集中全部精力开拓思路。力求做到让大家提出设想，越多越好。

第三，综合改善。鼓励巧妙地利用和完善他人的设想。这是激励的关键所在。每个与会人员都要从他人的设想中激励自己，从中得到启示，或补充他人的设想，或将他人的若干设想综合起来提出新的设想等。

例如，天然牛黄是非常珍贵的药材，只能从屠宰场上碰巧获得。这种靠偶然得来的东西不可能很多，也无法满足制药的需求。其实，牛黄是由于某种异物进入了牛的胆囊后，在它的周围凝聚起许多胆囊分泌物而形成的一种胆结石。一家医药公司的员工为了解决牛黄供应不足的问题，集思广益，终于联想到了"人工育珠"。既然河蚌经过人工将异物放入体内能培育出珍珠，那么，通过人工把异物放进牛的胆囊内也同样能培育出牛黄来。他们找来一些伤残的菜牛，把一些异物埋在牛的胆囊里，一年后，果然从牛的胆囊里取出了和天然牛黄完全相同的人工牛黄。医药公司员工运用联想思维中的对比联想创新思维，在了解到牛黄生成的机理后，对比人工育珠的过程，联想到通过人工将异物放入牛的胆囊内形成牛黄，从而制成了人工牛黄。

## 二、综摄法

综摄法是指以外部事物或已有的发明成果为媒介，将它们分成若干要素，并对其中的要素进行讨论研究，综合利用激发出来的灵感，来发明新事物或解决问题的方法。使用综摄法时应遵循同质异化和异质同化两项基本原则。

第一，同质异化原则。对现有的各种发明，运用新的知识或从新的角度加以观察、分析和处理，启迪出新的创造性设想，这就叫同质异化。

第二，异质同化原则。新的发明大多是现在没有的东西，人们对它是不熟悉的,但是,人们非常熟悉现有的东西。所以,在创造发明不熟悉的新东西时,人们可以借用现有的知识进行分析研究,启发出新的设想,这就叫异质同化。

与"头脑风暴法"相似,使用综摄法时也是采用会议的方式进行的,只是对参会人员有所要求,需要选取具有不同知识背景的人员组成创新小组,而不是选取同一领域的专家。

## 三、信息交合法

信息交合法亦称"魔球法"。信息交合法实质上就是利用物体的信息来构造其信息场,通过信息场寻求创新性的设想。运用信息交合法的步骤如下:

第一,确定待解决的问题。

第二,针对目标问题,构造信息场。在构造信息场时,一方面将该物体的功能进行分解,并将该物体所能实现的每一种功能分别投射到 $x$ 轴上,每一个功能与 $x$ 轴上的一个点相对应;另一方面选择物体某一属性(如颜色),对其信息进行分解(将颜色分为红、橙、黄、绿、蓝、靛、紫等),并将分解出的属性值投射到 $y$ 轴上,每一个属性值与 $y$ 轴上的点相对应。$x$ 轴和 $y$ 轴垂直相交便构成了该物体的信息场。

第三,通过将坐标轴中各个坐标点进行相互组合,获得大量创新性的设想方案。

第四,在所获得的设想中,筛选出适宜的方案。

第五,执行方案。

传说当年康熙为了分门别类地将珍宝收藏起来,曾命人打造了 10 个大铁箱。每只铁箱各配了一把不同型号的锁,每把锁各有两把相同的钥匙。康熙挑选了 10 个可靠的大臣,一人发了一把钥匙,要他们各自保管一个铁箱,另外那 10 把钥匙则由康熙亲自保管。没过多久,康熙就感到这样很不方便。因为这 10 个大臣并不会天天都同时在他身边,当他需要取出某件珍宝时,负责保管此铁箱的大臣可能偏偏不在。有一天,康熙要求众大臣在不另配钥匙的前提下，想出一个好办法。他的要求是无论什么时候，叫到任何一个保管钥匙的大臣时，都能很快、很方便地取出任何一件珍宝。大臣们一个个皱着眉头想了很久，谁也没能想出来办法。这时，一个叫布扎拉的小太监跪在地上向康熙禀告说，他想出了一个合乎康熙要求的办法。

布扎拉想出的办法是将康熙掌握的 10 把钥匙，同 10 个大铁箱上的那 10 把锁，一一对应地编为 1～10 号。然后把第 1 号钥匙放在第 2 号铁箱里，第 2 号钥匙放在第 3 号铁箱里……以此类推（第 10 号钥匙则放在第 1 号铁箱里）。这样，负责保管铁箱的任何一个大臣，用自己掌握的那一把钥匙，都能很快、很方便地打开其负责的铁箱，然后，再用打开铁箱中的钥匙，去依次逐一打开其他的铁箱，直到最后取出所需要的珍宝为止。这个办法是将这 10 把锁作为环环紧扣的一个整体来看待。如果仅仅孤立地去想"一把钥匙一把锁"，那么只能把这 10 把钥匙都交给一个大臣来管；或者只能再另配 90 把钥匙，每人 10 把。显然它们都是不符合康熙要求的办法。

## 四、形态分析法

形态分析法是一种系统化构思和程式化解题的创新方法，通过将对象分解为若干相互独立的基本要素，找出能实现每个要素功能要求的所有可能的技术方式，然后加以排列组合，从中寻求创新性设想来进行创新。形态分析法的使用步骤如下：

第一，确定研究课题。明确用此技法所要解决的问题（发明、设计）。

第二，要素提取。将要解决的问题，按重要功能分解成若干基本组成部分，列出有关的独立因素。

第三，形态分析。按照发明对象对各独立因素所要求的功能，详细列出各因素全部可能的形态。

第四，编制形态表。将上述分析结果编入形态表内。要素用 $i$ 表示，要素的形态用 $j$ 表示，每个要素的具体形态只用符号表示。

第五,形态组合。按照对发明对象的总体功能要求,分别将各因素的不同形态方式进行组合以获得尽可能多的合理设想。

第六,优选,即从组合方案中选优,并具体化。

## 五、"5W2H"法

创新者用 5 个以 W 开头的英语单词和 2 个以 H 开头的英语单词进行设问,发现解决问题的线索,寻找发明思路,进行设计构思,实现新的发明创造,这就叫"5W2H"法,亦称七何分析法。5W:为何(why)、何事(what)、何人(who)、何时(when)、何地(where)。2H:如何(how)、多少(how much)。在创新活动中,使用"5W2H"法可以将问题的主要方面一一列举出来,减少了思考问题的遗漏和解决问题的盲目性。

例如,《赫芬顿邮报》在经营上便运用了"5W2H"的思维方法,它通过对时间背景(when)的分析,认为互联网已经全面渗入现代人的生活,并带来了一种新的共享方式,新闻行业应适应这一趋势,开发信息共享平台,把读者变成记者,将 1 万多名"公民记者"发展成为该报的"通讯员",每时每刻都在为它提供报道(how)。2008 年,《赫芬顿邮报》将一个采访任务分给 50~100 名"公民记者",每人每天用一个小时,就能完成一个记者两个月才能完成的工作量。赫芬顿将其称为"分布式新闻"。"分布式"网罗了大量高质量的撰稿人,只有人的能动性得到激发,媒体才能真正活起来。

## 六、奥斯本检核表法

奥斯本检核表法是指根据需要研究的对象特点列出相关问题,形成检核表,主要用于新产品的研制开发。通过引导主体在创造过程中对照以下九方面的问题,启迪思路、开拓思维想象空间,促进人们产生新设想、新方案。

第一,能否他用。现有事物有无其他用途,保持不变能否扩大用途,稍加改变有无其他用途。

第二,能否借用。能否引入其他的创造性设想,能否模仿别的东西,能否从其他领域、产品、方案中引入新的元素、材料、造型、原理、工艺、思路。

第三,能否改变。现有事物能否做些改变,如声音、味道、式样、花色、品种、意义、制造方法,改变后效果如何。

第四,能否扩大。现有事物能否扩大使用范围,能否增加使用功能,能否添加零部件以延长它的使用寿命,如增加长度、厚度、强度、频率、速度、数量、价值等。

第五,能否缩小。现有事物能否体积变小、长度变短、重量变轻、厚度变薄或拆分或省略某些部分(简单化),能否浓缩化、省力化、方便化、短路化。

第六,能否代替。现有事物能否用其他材料、元件、结构、设备、方法、符号、声音等代替。

第七,能否调整。现有事物能否变换排列顺序、位置、时间、速度、计划、型号,内部元件能否交换。

第八,能否颠倒。现有事物能否从里外、上下、左右、前后、横竖、主次、正负、因果等角度颠倒过来使用。

第九,能否组合。能否进行原理组合、材料组合、部件组合、形状组合、功能组合、目的组合。

在创新过程中,可以逐一分析问题的各个方面。这有利于提高创新的成功率。由于奥斯本检核表法的设计特点之一是多向思维,用多条提示引导创新者去发散思考,突破了不愿提问或不善提问的心理障碍,在进行逐项检核时,突破旧的思维框架,开拓创新的思路,有利于提高发现创新的成功率。

# 七、发明问题解决理论

发明问题解决理论(TRIZ)是由多位学者在研究了世界各国 200 万件高水平专利的基础上提出的方法。发明问题解决理论主要内容包括冲突解决理论、产品进化理论、发明问题解决算法和物—场模型分析方法四个方面。

第一,冲突解决理论。冲突解决理论由冲突矩阵将描述技术冲突的39个工程参数与40条发明原理建立对应关系,解决设计过程中选择发明原理的难题。

第二,产品进化理论。产品进化理论将产品进化过程分为婴儿期、成长期、成熟期和退出期四个阶段。处于前两个阶段的产品,企业应加大投入,尽快使其进入成熟期,以便企业获得最大效益;处于成熟期的产品,企业应对其替代技术进行研究,致力于取得新的替代技术,以应对未来的市场竞争;处于退出期的产品,企业利润急剧下降,应尽快淘汰。这些可以为企业产品规划提供具体、科学的支持。

第三,发明问题解决算法。在 TRIZ 中,发明问题并求解的过程是对问题不断描述、不断程式化的过程。经过这一过程,初始问题最根本的冲突被清楚地暴露出来,能否求解已经很清楚,如果已有的知识能用于该问题的解决则有解,如果已有的知识不能解决该问题则无解,需等待自然科学或技术的进一步发展。该过程是靠 TRIZ 算法实现的。

第四,物—场模型分析方法。这种方法产生于 1947—1977 年,现在已经有了 76 种标准解,这些标准解是最初解决问题方案的精华。利用这种方法,可以在汲取基本知识的基础上产生不同想法。

例如,廖基程在工厂劳动时经常看到:为了防止零件生锈,工人们必须戴手套进行操作,而且手套必须套得很紧,手指头才能灵活自如。这样一来,戴上脱下不但相当麻烦,而且很容易将手套弄坏。为此,他常想,难道只能戴这样的手套吗? 能不能改进? 有一天,他在帮妹妹制作手工艺品时,手指上沾满了糊糊。糊糊快干的时候,变成了一层透明的薄膜,紧紧地裹在手指上,他当时就想:"真像个指头套,要是厂里的橡皮手套也这样方便就好了!"过了不久,有一天清早醒来,他躺在床上,眼睛呆呆地望着天花板,头脑里突然想到:可以设法制造一种液体,手往这种液体里一放,一副柔软的手套便戴好了,不需要时,手往另一种液体里一浸,手套便消失了。他将自己的这一大胆想法向公司做了汇报,公司领导非常重视,马上成立了一个研究小组,并将廖基程从生产车间调到研究小组。经过大家反复研究,终于发明了这种"液体手套"。

## 八、六顶思考帽法

所谓六顶思考帽是指使用六种不同颜色的帽子代表六种不同的思维模式。根据白、绿、黄、黑、红、蓝六种颜色的帽子,将思考的过程分为与之相应的六个阶段。

第一,戴上白色的中立帽子。在这个阶段,人们从陈述问题的角度出发,将问题现有的信息尽可能详尽地列举出来,全面地描述问题事实。

第二,戴上绿色的活力帽子。从积极的角度出发,充分发挥主观的创造性,尽可能多地提出解决问题的设想方案。

第三,戴上黄色的正面帽子。从乐观的角度出发,将目标事物的优点列举出来。

第四,戴上黑色的负面帽子。从批判的角度出发,将目标事物的缺点列举出来。

第五,戴上红色的评判帽子。从评价的角度出发,对所提出的设想进行评价和判断。

第六,戴上蓝色的指挥帽子。从整体的角度出发,对所提出的设想进行筛选,选定最适宜的方案。

六顶思考帽法提供了"平行思维"的工具,避免将时间浪费在互相争执上。它强调的是能够成为什么,是在寻求一条向前发展的路。运用六顶思考帽法,将会使混乱的思维变得更清晰,使团体中无意义的争论变成集思广益的创造,使每个人变得富有创造性。

# 第五节　树立创新精神

创新精神是创新人才发展的动力保证和精神品格,它主要包括独立精神、探索精神、批判精神和献身精神。

# 一、独立精神

## （一）独立精神的概念

独立精神是指不以他人意志为转移且具有独立自主的思想和意识，在行为上表现为不随波逐流，不盲从或依赖他人，当在现实中遇到问题和困难时，能够从自己的角度出发进行独立思考和判断，并在多种可能的行为中做出带有明确自主倾向的选择。

独立精神既是维系一个人存在的精神基础，也是一个人的基本权利。它是一个人实现客观存在和主观发展的可靠保证，是一个人立足于社会的良好品质之一。一个具有独立精神的人必定有着不依赖他人而独立存在的精神世界。独立精神意味着更多的自由发展空间和更广泛的自主选择权，也是实现创新的基础和前提。许多新的思想和新的文明就是在独立精神的指引下形成和发展起来的。

## （二）独立精神的培养

### 1.要有独立生存的自信心

这里的"生存"不是指一个人自然生命的存在与延续，而是指具有主体意识的人独立开辟生活道路并自主创造人生价值的能力。现代人格外强调生命独立自主，要有独立面对生活、迎接挑战的勇气和信心，其中包括在不同环境中从事不同职业、遇到各种情况时的人际交往能力，以及应对和处理问题的能力。如果没有足够的自信心，就会输在起跑线上。

### 2.要有广泛关怀的责任心

具有独立精神的人，不应当是信奉个人主义的自私自利者，相反，他应当具有广泛的人文关怀，充分表现出个人对社会、对国家、对他人的道义责任和法律责任，并自觉承担这种责任，在社会生活中自觉把握和促进人与自然、人与社会的和谐发展。独立精神鼓励带有明显个性化特征的思考,但否定过度自我化,换句话说,发展独立精神在强调主观意愿的同时必须结合客观现实,避免走入极端。

### 3.对环境的主动适应能力

所谓对环境的主动适应能力,即良好的自我调适能力。"物竞天择,适者生存",具有独立精神的现代人,必然具有较强的环境适应能力,在人与环境的互动过程中,个体能够以前瞻性思维与眼光做出预测与判断,并及时调整自己的人生目标和行动方案,以保持与变化着的环境的协调统一,而不是消极被动地等待和忍耐。这一点也是独立精神在实际行为中体现最明显的特征之一。

## 二、探索精神

### (一)探索精神的概念

探索精神是以求知为目的,以实践为方式,能引发人们不满足于已知领域从而对未知世界进行探究与摸索的精神,结果往往是带来新的发现。

实践是探索精神的行为体现,也是检验探索结果的唯一标准。正是由于人类勇敢顽强、不屈不挠的无数次的探索实践,才创造出了一个五彩缤纷、丰富多样的世界。探索精神带领着我们走向未知的世界,带领我们走向真理。探索精神具有主动性和开放性特征,是实现创新的动力所在。

### (二)探索精神的培养

首先,尊重事实、尊重规律,树立科学的世界观及踏实认真的科学态度,明确探索的方向,运用正确的方法。

其次,不怕失败与挫折,培养自己的勇气和信心,培养坚强的意志和坚韧的毅力。探索未知世界的进程不可能一帆风顺,必定会伴随着坎坷、失败与挫折,那种锁定目标锲而不舍的顽强精神,与科学探索的远大理想和崇高信念一样,是获得成功的最重要因素之一。

再次,善于总结经验,养成读书和思考问题的习惯,学会归纳总结,不断改进方法。在科学探索、开拓创新中，不仅要有不怕失败的精神和抗挫折的能力，更要有善于从失败中总结经验教训的智慧。"吃一堑长一智"，认真从失败中吸取教训，在探索中改进方法，不断走出失败，最终才能获得成功。

最后，需要一个民主、平等、宽松、和谐的外部环境。波普尔认为在思想世界中，最重要的因素是"讨论状态"。而探索精神是维系这一状态的重要基础。通过交流讨论、争论或辩论，让不同的看法和观点相互碰撞、相互借鉴和相互启发，是营造良好的学习氛围和使知识不断增值的必要条件。

## 三、批判精神

### （一）批判精神的概念

批判精神是人类文明的重要标志之一，它是一种独立的怀疑精神，它不承认任何正确、永恒、神圣的东西，对观念、事物及人们的行为发出疑问、进行反思，并在此基础上寻求解决问题的合理途径。批判精神要求积极地对可以求证的结论进行思考求证，对无法求证的论据和结论始终持一定的怀疑态度，同时不轻易下结论。批判精神中还包括不卑不亢的人格态度。总体来说，批判精神是一种表现为行为倾向的人格特征。可从以下三个方面认识批判精神。

第一，批判精神是一种人格特征。

第二，批判精神与心理的情感及态度有关。

第三，批判精神是批判性思维的内在动力。

批判精神的最终目的是更好地发展，其着眼点是广阔的未来。批判精神的必要条件是思想、人格和精神的独立，因此由批判而引申出来的丰富内涵和积极意义，远远大于批判行为本身。

科学的批判精神并非否定一切，而是辩证的否定，是继承与扬弃的统一。批判不仅仅是一种认识的手段和形式，更包含一种对待认识的态度，这种对待认识的态度最终会影响人的日常行为方式，并进而形成批判精神。

## （二）批判精神的培养

### 1. 激发学生主体意识

主体性是人的全面发展最根本的特征，也是全面发展的核心和精神实质。主体性是人内在的属性，是与生俱来的，而不是后天赋予的。它集中体现为主体的独立性、主动性和创造性。要培养批判精神，首先要激发人作为生命个体的主体意识，即要培养独立思考、主动学习、创造学习的主体意识。

### 2. 要掌握批判性思维方法

批判并非简单粗暴地否定一切，而是辩证地否定，是扬弃，是克服与保留、批判与创造的统一。要打破思维定式的束缚，敢于质疑，发现问题。

### 3. 要营造宽松的人文环境

宽松、自由的学习环境是创造力不断发育生长的沃土。大学课堂不应仅仅是知识的传递场所，更应当是思想交流的对撞场所。在这里，学生可以"肆无忌惮"地对老师的观点提出疑问，甚至否定；同样，老师也可以对学生的质疑"毫不客气"地进行反驳。一切都应该是自然的、顺理成章的。必须强调的是，质疑的本质是探究问题，目的是明辨真理，而非无原则的否定或人身攻击。

## 四、献身精神

### （一）献身精神的概念

献身精神是指为实现一定的理想或目的甘愿牺牲个人利益甚至自己生命的精神。它是我们民族发展、科技进步过程中必不可少的一种精神，是创新精神中最具人性光辉的部分。有时，要取得一项创新，不知要经过多长时间的努力奋斗,不知需要克服多少意想不到的艰难险阻,不知要经受多少次的挫折和失败的打击。因此,在创新的过程中需要献身精神。

创新精神中所需要的献身精神并不是鼓励不顾危险,而是要进行必要的防护,做到尽可能周密的安排,危险的发生只是由于太多复杂的因素和变数的存在,而无法完全避免罢了。我们所提倡的献身精神的出发点是对全人类及对祖国和人民无尽的热爱和崇高的责任感。

## (二)献身精神的培养

### 1.通过自我实现来培养献身精神

现实生活中,没有什么比实现自己的梦想、发挥自己的潜力并获得成功更强烈的需要了,自我实现的过程其实也是发挥献身精神的过程。

(1)把职业当事业看待

每个人都在特定的岗位上工作,都是社会坐标上的一个点。然而,人们延伸坐标方位的轨迹却千差万别。那些具有献身精神的人,注重培养服从的意识、诚实的态度和敬业的精神,犯了错误时不推卸责任,而是想办法弥补过失,完成任务。总之,这是一种针对职业的道德判断,这种判断具有强烈而质朴的情感意义。

(2)提高自身的自制性

要自觉控制和调节自己的行动,时刻提醒自己规范地执行已经获准的决定。顽强的自制力不是与生俱来的,而是在实践活动中养成的,尤其是在克服困难的过程中培育起来的。富有献身精神的人,具有强烈的追求卓越的信念,因而对工作有着更高的标准,并且会不断地用这样的标准激励自己。在这个过程中,他们能逐渐发现工作中存在的种种问题并及时地寻找应对办法,不断地调整自己的策略,在取得阶段性成果后继续努力,朝着目标坚定自信地前进。

(3)培养良好的行为习惯

行为习惯决定一个人的品行,因为行为在多次重复之后就会变得习以为常,形成了品行。人的品行多种多样,无所事事令人退化,贪图安逸使人堕落,只有保持良好的行为习惯才是最值得推崇的。工作本身并不能体现价值,也没有贵贱之分。每一份正当合法的工作都有其独特的价值,只要诚实地劳动和创造,没有人能贬低在工作中创造的价值。

2. 自我激励

(1)要实践由"美德""勤奋"到"成功"的发展方向

"美德"和"成功"是人们的两种终身受用的财富,只有拥有前者,才能获得后者,而"勤奋"是自"美德"启程通向成功的必由之路。有时"勤奋"未必能给我们带来看得见的报酬,但是通过勤奋付出,可以获得许多意想不到的收获,如机会、信任、褒奖等。从这个意义上讲,付出得越多,收获也就越多。勤奋的人,会有意识地为自己增加压力,善于在工作中寻找突破口,在一项活动结束后及时地梳理相关材料,做好进一步分析预测工作。这样,极有可能得出前人未曾发现的结论,从而创造出为人称道的价值。

(2)要持续进行努力的积累

成功是一种努力的积累。在工作中展示出超乎寻常的工作效率的最好办法,莫过于不断地培育和强化超人的智慧和判断能力。如果渴望成功,就应长久地保持献身精神,纵使面对的是缺乏挑战和毫无乐趣的工作,也要保持积极向上的努力心态。

# 参考文献

[1]柴丽华.基于创新思维培养"下"的大学生音乐素质教育[J].北方音乐,2019(2):174—175.

[2]董云飞,郑丽波.培养大学生创新创业能力的策略思考[J].黑龙江社会科学,2014(5):157—159.

[3]胡选萍,徐皓,秦公伟.大学生创新创业核心素养的培养路径探析[J].西部素质教育,2019(9):77—78.

[4]贾婀娜,丁复珍,沈玉,等.新时代大学生创新能力的培养研究[J].创新创业理论研究与实践,2023(10):152—154.

[5]李繁,周贝贝.高职生科技创新能力培养途径探究[J].武汉交通职业学院学报,2015(2):53—56.

[6]李刚.大学生创新创业能力的实施路径探索[J].经济研究导刊,2015(20):126—127.

[7]李文蓓.大学生创新创业能力培育途径探究[J].创新创业理论研究与实践,2021(10):186—187.

[8]李宪.论创业型经济视角下的大学生创新创业能力的培养[J].科教导刊,2013(22):211.

[9]刘隽颖.高校创新创业教育的背景、现状与突出问题[J].南昌工程学院学报,2016(2):1—4.

[10]刘鹏飞,曲艺.大学生创新创业能力现状及培养途径[J].文化创新比较研究,2019(12):175—176.

[11]刘燕南,刘玉雪,武东辉.大学生创新创业能力培养研究[J].智库时代,2019(19):34,36.

[12]柳春.基于层次分析法的高职学生创新创业能力评价体系研究[J].成人教育,2015(4):55—57.

[13]龙宁斐.大学生创新创业能力素质模型文献综述[J].商场现代化，2015(30):214-215.

[14]鲁宇红,张素红.大学生创业教育和创新人才教育关系研究[J].成才之路,2016(2):1-2.

[15]马丽娜.浅议新常态下大学生创新创业教育的开展[J].亚太教育，2015(11):66-67.

[16]马施民.基于PBL模式的本科生创新科研训练指导方法[J].大学教育,2015(10):59-60.

[17]潘道广.基于深度学习的大学生创新创业能力培养[J].湖南第一师范学院学报,2019(1):80-83.

[18]齐岷.论职业院校学生创新创业素质的培养路径[J].职业,2019(10):54-55.

[19]孙大鹏,赵文静,史晗.创新创业教育下大学生创业能力的提升[J].中外企业家,2020(15):195.

[20]唐妤.大学生创新创业能力培养途径分析[J].课程教育研究,2015(28):50.

[21]王李艳.高职院校学生创新创业素质的培养路径研究[J].文教资料,2019(3):140-141.

[22]王鹏宇.论大学生的感性素质及其培养[J].中共青岛市委党校青岛行政学院学报,2019(1):93-96.

[23]杨羽,王兵,杨东林.大学生创新创业人才培育体系建设[J].长春理工大学学报(社会科学版),2016(1):143-146.

[24]殷现元.大学生个性化教育与创新能力的培养[J].教书育人(高教论坛),2013(6):34-35.

[25]于陶.大学生创新创业素质模型分析[J].新校园(上旬刊),2016(8):29-30.

[26]张杨.大学生创新创业能力培养机制探析[J].教书育人(高教论坛),2014(10):36-37.

[27]张友峰.大学生创业能力培养方法研究[J].科技创业月刊,2019(2):66-67.

[28]赵成富,李岚.高校辅导员学生管理工作创新思路研究[J].辽宁开放大学学报,2023(4):82－85.

[29]郑磊.创业型经济视角下大学生自主创业研究[J].中国商论,2015(5):201－203.

[30]周屹,詹晓娟,吕松涛,等.大学生创新创业能力培养的实践研究[J].黑龙江工程学院学报,2019(2):65－67.

[31]朱倩渝.粤港澳大湾区背景下高校学生创新创业社团的建设路径探究[J].中国多媒体与网络教学学报(电子版),2020(19):155－157.